Jack Lemmon

Jack Lemmon

HOMMAGE

Henschel Verlag
Berlin 1996

Die Deutsche Bibliothek – CIP-Einheitsaufnahme

Jack Lemmon / [Internationale Filmfestspiele Berlin,
Retrospektive 1996]. Hrsg. von der Stiftung
Deutsche Kinemathek in Zusammenarbeit mit den
Internationalen Filmfestspielen Berlin.
Red.: Rolf Aurich. – Berlin: Henschel, 1996
ISBN 3-89487-246-2
NE: Aurich, Rolf [Red.]: Internationale Filmfest-
spiele <46, 1996, Berlin>; Stiftung Deutsche
Kinemathek <Berlin>

Stiftung Deutsche Kinemathek
und Internationale Filmfestspiele Berlin
Retrospektive 1996

Redaktion:
Rolf Aurich

Leitung der Retrospektive:
Wolfgang Jacobsen

Organisation:
Martin Koerber

Umschlaggestaltung und Layout:
Volker Noth Grafik-Design
Umschlagfoto:
Stiftung Deutsche Kinemathek
Satz und Druck:
DBC Druckhaus Berlin-Centrum

ISBN 3-89487-246-2

Inhalt

HOMMAGE

Jack Lemmon, um 1960

JACK LEMMON

December 14, 1995

To: The 1996 Berlin International Film Festival

   I am greatly honored by the Berlin International Festival's presentation of this restrospective of my work. From the very beginnings of our industry, the German influence on filmmaking has inspired directors, writers and actors in virtually every corner of the world. I am grateful that you, the German movie-going public, have been so supportive of my films, and hope you enjoy those being shown at the Festival as much as I enjoyed making them.

   I look forward to joining you at this most prestigious of Festivals.

   With gratitude and warmest greetings.

                              Most sincerely,

                              Jack Lemmon

JL

How to Murder Your Wife

Who's Afraid of Jack Lemmon?

ANNETTE KILZER

Was wäre, wenn Jack Lemmon tatsächlich, so wie Studiochef Jack Warner es zunächst plante, die Rolle des George in WHO'S AFRAID OF VIRGINIA WOOLF? übernommen hätte?

Welche seiner Manierismen hätte er in die Rolle integriert, welche Ticks, welche Eigenheiten und welche Eitelkeiten? Hätte er die Hysterie der Szenerie nicht mit Freuden in sich aufgesogen und sie mit kindlicher Wonne wieder ausgespuckt, so daß sie sich wie feiner Sprühregen über die Dialoge legt? Öfter noch als Richard Burton hätte er mitten im Satz freudlos aufgelacht oder hysterisch nach Luft geschnappt, die Melodie des Satzes variiert, ohne den Redefluß auch nur einen Moment stocken zu lassen. Statt wie Burton still zu leiden, wenn Elizabeth Taylor ihn aufs Bett preßt und wie eine Furie ihre Fäuste auf seinen Rücken niederprasseln läßt, hätte Lemmon wohl eher gequält ins Kissen gestöhnt, das Gesicht vor Schmerz verzogen. Er hätte der Rolle wahrscheinlich viel von ihrem Zynismus genommen, ihr dafür lustvoll und mit Verve ausgespielte Neurosen und ein unendliches Selbstmitleid hinzugefügt. – Hätte er?

Viel eher doch hätte er den Part mit einer schier unendlich großen Trauer durchwoben, wie so oft den Blick starr vor Lebensangst ins Leere gerichtet, und dann wiederum versucht, seinen Weltschmerz mit müden Gags und ungestümen Faxen zu überspielen, um nur ja nicht eine einzige Facette seines Innersten zu offenbaren – so wie in THAT'S LIFE oder in TRIBUTE. Stark hätte er sich gezeigt, und wir würden doch spüren, daß er um Fassung ringt, daß er alle Kraft aufbringt, um nicht zusammenzubrechen. Lemmon hätte die immer wieder neuen Angriffe und Enttäuschungen still ertragen, so wie Lee Remicks Rückfälle in die Alkoholsucht und ihren Egoismus in DAYS OF WINE AND ROSES. – Hätte er?

Vielleicht wäre Lemmon Taylors spitzen, manchmal verwirrten Bemerkungen nicht stoisch, sondern mit echtem und freundlichem Interesse begegnet, ähnlich den Avancen Joe E. Browns in SOME LIKE IT HOT. Enthusiastisch – statt mürrisch wie Burton – hätte er die Drinks gemixt, dabei Cocktails kreiert, Rezepte ausprobiert, den Shaker geschwungen. Er hätte vielleicht die Oliven zu einem Sternenmuster gelegt, so wie er es in THE APARTMENT tut, wenn er den Weihnachtsabend an einem Kneipentresen verbringt, weil er wieder einmal seinen Wohnungsschlüssel an Fred MacMurray ausgeliehen hat. – Oder?

Bevor ich begann, für diesen Text zu recherchieren, war eine solche Spekulation ein feines Spiel, und ich konnte Lemmons Fassungslosigkeit über die Anweisung eines jungen Regisseurs nicht verstehen, der von ihm gefordert hatte: »Give me a little more Jack Lemmon.« Denn damals schien alles noch so klar. Doch je mehr Filme mit Lemmon ich sah, desto mehr entzog er sich mir. Neurotisch, hypochondrisch, manipulierbar, euphorisch, penetrant, aufdringlich, anhänglich, gutmütig und interessiert. Frustriert. Nervös. Hibbelig. Komisch. »Das Nervenbündel«.

THE NOTORIOUS LANDLADY: Jack Lemmon, Kim Novak

Bevor ich einige Filme nach langer Zeit wiedersah, andere zum erstenmal, hätte ich Jack Lemmons Image rasch und ohne zu zögern umrissen. Bevor ich seine Anfänge als »romantic leading man« in IT SHOULD HAPPEN TO YOU und ihn als Playboy in THE NOTORIOUS LANDLADY und HOW TO MURDER YOUR WIFE erlebte, bevor ich ihm wieder als liebenswürdigem Macho und integrem Actionheld in schwarzer Lederjacke in AIRPORT '77 begegnete und die Ernsthaftigkeit und persönliche Betroffenheit spürte, mit der er in THE CHINA SYNDROME agiert. Und bevor ich einmal mehr unendliches Mitleid mit Shelly Levene verspürte, dem abgewrackten Makler in GLENGARRY GLEN ROSS, den Lemmon als ausgefuchsten Gauner verkörpert, der sein Leben lang den Menschen das Geld aus der Tasche gezogen hat. Nun bringt er keine Abschlüsse mehr zustande, aber er ist noch immer von sich und seiner Arbeit überzeugt und würde jeden sofort übers Ohr hauen, wenn sich nur die Gelegenheit dazu böte: »If he got a chance, he'd screw you. It's part of business.« Doch die Chance ergibt sich nicht mehr. Nicht mehr für ihn. Seine Masche ist zu fadenscheinig, seine Tricks sind zu durchsichtig geworden. Mit einem samtweichen Redefluß, den ein Kritiker als »non-stop epic jive« beschrieb, sucht er seine Klienten einzulullen – vergeblich.

Beschwörend, als könne er sich nur so der eigenen Existenz versichern, betont er vor seinen jüngeren Kollegen immer wieder, daß er es gewesen sei, der sie zu dem gemacht habe, was sie heute seien. Er habe ihnen alles beigebracht, jeden Trick, jede Finte, jede Geste. Und dennoch verschwindet Shelley »The Machine« Levene förmlich vor unseren Augen. Er löst sich auf. In der ersten Hälfte von James Foleys Film (der stärker die Handschrift des Autors David Mamet als die

THE CHINA SYNDROME: Jack Lemmon, Jane Fonda

des Regisseurs trägt) spielt Lemmon die Hauptrolle. Levene ist verzweifelt, weil seine Tochter im Krankenhaus liegt und sich abzeichnet, daß er die Kosten dafür nicht mehr lange tragen kann. Er ist aber auch großspurig, beinahe großkotzig, ein sich anbiedernder Intrigant. »What are you babbeling about«, wird er einmal von Moss (Ed Harris) zurechtgewiesen – babbeln, das ist das, was er in einem fort tut. Lemmons Bewegungen folgen einer perfekten Choreographie. So wie Levene seinen Kunden keine Pause zum Atemholen und Nachdenken läßt, so erlaubt er auch seinem Körper keinen Moment der Ruhe. Die Brille abnehmen, Papiere einstecken, ein Glas leeren und absetzen, in der Hosentasche nach Kleingeld suchen – dies alles geschieht in einer einzigen fließenden Bewegung. Doch obwohl er in der zweiten Hälfte nach einem Vertragsabschluß triumphiert (»I am back, I got my balls back!«) und zudem als Einbrecher entlarvt wird, verschwindet er aus dem Zentrum der Geschichte, die nun von Al Pacinos selbstbewußten Manierismen und lauten Flüchen dominiert wird – während Lemmon mit hängenden Schultern, den Kopf vornübergebeugt, auf dem Gesicht ein freundliches Lächeln, beeindruckt diese geballte Manifestation von Energie und Willensstärke betrachtet. Er ist kein Wolf mehr, sondern das Schaf, ist längst der Gejagte, nicht mehr der Jäger.

Daß ich mich noch vor kurzem nicht gescheut hätte, Jack Lemmon bündig und prägnant – und ohne dabei einen Moment an der Angemessenheit eindeutiger Attribute zu zweifeln – zu skizzieren, hat vor allem mit der persönlichen Erinnerung zu tun. Manches verschwindet, anderes setzt sich für immer fest. Das hat mit den eigenen Lieblingsfilmen zu tun, und bei mir sind dies die mit

THE FORTUNE COOKIE: Jack Lemmon, Walter Matthau

THE ODD COUPLE: Jack Lemmon, Walter Matthau

THE APARTMENT

Walter Matthau, dessen Stoizismus die perfekte Folie für Lemmons Neurosen bildet. »If I were homosexual, I'd marry him in a minute«, offenbart Walter Matthau über Lemmon, der von ihm sowohl in THE ODD COUPLE als auch in BUDDY BUDDY als »fruit cake« tituliert wird.

Es ist einfach ein Glücksmoment des Kinos, wenn Matthau in GRUMPY OLD MEN versucht, Lemmon aus Eifersucht mit einem gefrorenen Fisch zu erstechen, und Lemmons Dad, seit 1938 an ihre Streitereien gewöhnt, resigniert: »Damned kids!« Und wenn Matthaus Sohn (Kevin Pollak) den ewigen Clinch mit einem fröhlichen »Have fun, fellows!« kommentiert, ist offenbar, daß Lemmon und Matthau hier nicht nur als fiktionale Charaktere ein Ritual zelebrieren, sondern auch als Darsteller. »Ich bin vielleicht neurotisch, aber du bist verrückt«, beschimpft Lemmon Matthau in THE ODD COUPLE, doch denselben Umgangston kultivieren die beiden Schauspieler auch in gemeinsamen Interviews.

Unvergeßliche Momente: Jack Lemmon in THE FORTUNE COOKIE an Bett und Rollstuhl gefesselt, weil sein Schwager »Fisimatenten-Willie«, gespielt von Matthau, einen Versicherungsbetrug eingefädelt hat und Lemmon – einmal mehr zunächst schwach und manipulierbar – sich auf das Spiel einläßt. Und wie so oft spiegelt sich in seinem Gesicht alles Leid dieser Welt. Der Lemmon-Blick! »Sie ist keine Schönheit, aber ich bin ja auch kein Mastroianni«, umschreibt Lemmon sich und seine Frau – 19 Jahre später stellt er sich in MACCHERONI dem direkten Vergleich mit dem italienischen Herzensbrecher und Schlawiner.

BUDDY BUDDY

Lemmon in THE ODD COUPLE, von Matthau mit Eis beschmiert, reibt unentwegt einen Fleck an seinem Revers. Er empört sich über Matthaus Ignoranz, da Schokoladeneisflecken – im Gegensatz zu Vanille oder Cappuccino – kaum zu beseitigen sind. Die Pokerfreunde sind entsetzt, daß Felix »Mary Poppins« Unger sogar die Spielkarten desinfiziert hat. Und Matthau, mit einem Tablett mit Drinks ins Wohnzimmer tänzelnd, findet Lemmon und die beiden Pigeon-Sisters, die Verabredung des Abends, in Tränen aufgelöst vor, nachdem Lemmon Fotos seiner Familie herumgereicht hat. Am Schluß, wenn Lemmon Matthau offenbart, daß die hübschen Nachbarinnen ihn gedrängt haben, zu ihnen zu ziehen, glaubt man für einen Moment, Stan Laurel vor sich zu sehen: Lemmon zuckt mit den Achseln, hebt kurz die Hände, um sie gleich wieder fallen zu lassen, und grinst voller Unschuld.

Auch wenn Billy Wilder später bereute, die Rolle des Profikillers in BUDDY BUDDY mit einem Komiker besetzt zu haben, ist doch die Penetranz, mit der Lemmon Matthau zum Zuhörer seiner Sorgen macht, ein Höhepunkt der Filmgeschichte: Er redet und redet – und Matthau schweigt mit unbeweglichem Gesicht. Ebenso verkniffen reagiert er auf Lemmons Anhänglichkeit und sein fröhliches Winken, wenn Matthau ihn auf dem Freeway überholt.

Vielleicht sind dies auch die Lieblingsfilme der meisten seiner Fans, vielleicht bilden sie tatsächlich einen anerkannten Kanon in Lemmons Werk und es wäre nicht ›falsch‹ gewesen, seine Leinwandpräsenz als die des neurotischen, mal plagenden, mal geplagten Widerparts zu artikulieren. Aber ich habe inzwischen die Unschuld verloren, es zu tun.

Irma La Douce

THE APARTMENT: Jack Lemmon, Naomi Stevens

DAYS OF WINE AND ROSES: Jack Lemmon, Lee Remick

In über 50 Filmen hat Jack Lemmon bislang in seiner mehr als 40 Jahre dauernden Kino-karriere mitgewirkt, und doch hat er dabei kein spezielles Leinwand-Imago gefestigt – kein Image, das er noch dadurch hätte bestärken können, wenn er mal mit ihm gespielt oder gegen es angespielt hätte. Zu unterschiedlich sind Lemmons Rollen, und im Gegensatz zu vielen anderen Schauspielern läßt er sich ohnehin kaum über die von ihm verkörperten Charaktere fassen. Der Gedanke, Leben und Leinwand direkt voneinander abzuleiten, ist geradezu ungeheuerlich.

Aber ein Motiv, das der Krankheit, zieht sich durch seine Filme – so, als sei dies Lemmons dunkle Seite. Billy Wilder bemerkte einmal, man müsse Jack Lemmon nur ins Gesicht schauen, um zu wissen, wie es in seinem Herzen aussieht. Dabei berichtet seine Mimik ebenso vom Zustand eines jeden einzelnen, von diversen Wehwehchen gequälten Knochen, den er im Körper hat. Jack Lemmon ist der geborene Hypochonder – vielleicht weil er tatsächlich mit zahlreichen körperlichen Gebrechen geboren und als Kind oft und lange im Krankenhaus behandelt wurde. Mit 13 Jahren hatte er bereits zehn Operationen über sich ergehen lassen müssen. »Jackie popped in and out of hospitals like a cork on the Great Salt Lake«, umschrieb seine Mutter seine Kindheit. Ausgerechnet ihm, der immer wieder betont, er wisse gar nicht, wie es sei, durch beide Nasenlöcher gleichzeitig atmen zu können, legt man die Atemwegsbeschwerden in THE ODD COUPLE und THE APARTMENT als psychosomatische Störung aus, als unwillkürliche Profilierung und Zeichen reiner Nervosität. In THE FORTUNE COOKIE sind seine Schmerzen ein ausgemachter Bluff,

DAYS OF WINE AND ROSES: Lee Remick, Jack Lemmon

ganz anders aber in DAYS OF WINE AND ROSES, wo Lemmon einen Alkoholiker spielt. In TRIBUTE ist er an Krebs erkrankt, und in DAD stirbt er.

Wenn auch die Leinwandfiguren Lemmons kein festumrissenes Image haben, so doch der Schauspieler Lemmon. Es gibt kaum einen anderen Star, der so aufregend und so gut ist, der so sehr gefeiert wird und in so vielen wunderbaren Produktionen mitwirkt. Doch die Texte über Lemmon kolportieren beinahe ausschließlich dieselben Informationen: Daß er als einziges Kind eines Doughnut-Fabrikanten im Fahrstuhl des Krankenhauses geboren wurde, weil sich seine Mutter nicht von ihrer Bridgerunde losreißen mochte; daß er vergeblich gedrängt wurde, sich den Künstlernamen John Lennon zuzulegen; wie anstrengend es war, mit Marilyn Monroe zusammenzuarbeiten, und daß sich ihre Wirkung nicht am Set, sondern erst beim Betrachten der Muster offenbarte, weil sie nicht mit ihren Filmpartnern, sondern mit der Kamera spielte; daß es ihm keine Probleme bereitete, Al Pacino das Top Billing bei GLENGARRY GLEN ROSS zu überlassen – »Hell, no, put Al first.«; daß er vor zehn Jahren dem Alkohol abschwor und an nichts mit so großem Ehrgeiz arbeitet wie an der Verbesserung seines Golf-Handicaps. Etcetera. Geschieden ist er und hat 1962 seine zweite Frau, die Schauspielerin Felicia Farr, geheiratet.

Jack Lemmon ist ein *nice guy*. Nett und aufrichtig. Ein Kumpel, auf den man zählen kann, und ein Relikt des »alten Hollywood«. Es ist mehr als lediglich ein momentaner, mit dem offensichtlichen Altersunterschied spielender Gag, wenn Lemmon in GRUMPY OLD MEN das Gesicht vor Schmerz verzieht, als er sich Rasierwasser auf die Wangen spritzt und so Macaulay Culkin aus

SOME LIKE IT HOT: Jack Lemmon, Marilyn Monroe

SOME LIKE IT HOT: Joe E. Brown, Jack Lemmon

SHORT CUTS: Andie MacDowell, Jack Lemmon

HOME ALONE zitiert. Ich bin überzeugt, daß ihm die Art Filme gefällt, wie sie John Hughes dreht, der intelligentes Family Entertainment bieten will und selbst wiederum Regisseure wie Leo McCarey verehrt. Daß ausgerechnet Howard Deutch, der für Hughes PRETTY IN PINK und ISN'T SHE WONDERFUL inszenierte, der Initiator des Projekts GRUMPY OLD MEN und nun Regisseur der Fortsetzung GRUMPIER OLD MEN ist, stützt diese Spekulation.

Mit seinem politischen Engagement in den siebziger Jahren, mit Filmen wie MISSING und THE CHINA SYNDROME, schien Lemmon manchem etwas ›naughty‹, ungezogen. Nun aber ist er nicht nur wohlgelitten, sondern wirkt ausgesprochen pc, politisch korrekt. »Well, we wish it could have had a happy ending«, soll Nancy Reagan auf die Frage von Felicia Farr geantwortet haben, ob MISSING ihr gefallen habe. Und es steht Lemmon, daß er für 50.000 Dollar in der Truman Capote-Verfilmung THE GRASS HARP, inszeniert von Walter Matthaus Sohn Charlie, mitspielt, aber auch, daß er die Rolle in WHO'S AFRAID OF VIRGINIA WOOLF? damals in erster Linie abgelehnt haben soll, weil Jack Warner ihm eine zu geringe Gage offerierte.

Jack Lemmon nimmt seine Profession ernst – so ernst, daß ihm nichts mehr zuwider wäre, als wenn ihm der Impetus und die Emphase, mit der er spielt, anzumerken wäre. Nichts ärgerte ihn mehr, als wenn er zu offensichtlich sein Können demonstrierte. Er, der die stärksten Manierismen, die ausgefeiltesten Ticks und die schwungvollsten und raumgreifendsten Handbewegungen zelebriert, der sein Nach-Luft-Schnappen aufgrund einer chronischen Erkrankung der Polypen früh zu seinem Stilmittel kultivierte – das keine Synchronisation (auch nicht die gute Leistung seines deut-

THE APRIL FOOLS: Jack Lemmon, Catherine Deneuve

schen Synchronsprechers Georg Thomalla) angemessen übernehmen kann, weil sie gewollte Differenz und Diskrepanz, Variation und Zäsur glättet –, verschwindet trotz oder wegen dieser prägnanten, um Aufmerksamkeit heischenden Effekte hinter seinen Charakteren.

Zwei Publicity Shots, einmal aus dem Jahr 1954, das andere Mal circa Mitte der achtziger Jahre entstanden, beide in schwarzweiß: 1954 lächelt uns ein junger Mann freundlich an. Sein dunkles, lockiges Haar ist mit einem Seitenscheitel frisiert, eine Tolle nach hinten gekämmt. Eine hohe Stirn, darunter warm blickende dunkle Augen unter dunklen Brauen, hohe Wangenknochen, ein lächelnder Mund mit schmaler Oberlippe, ein spitzes Kinn. Dreißig Jahre später haben sich die Lachfalten um die Augen tiefer in die Haut eingegraben, doch die Augen schimmern noch immer mit der gleichen Wärme. Sein Haar, über den Ohren nun etwas länger, ist an den Schläfen ergraut, doch die Frisur ist bis auf einige störrische Büschel die gleiche. Sein Lächeln ist nicht mehr gar so glamourös. Aber darin spiegelt sich wohl eher die neue Zeit mit ihrer neuen Ästhetik als eine individuelle Veränderung.

Vielleicht fällt es mir trotz aller Verehrung für ihn und trotz der puren Freude, die ich bei vielen seiner Filme empfinde, so schwer, über Jack Lemmon zu schreiben, weil das, was zunächst immer einen ersten sicheren Schritt verheißt, nämlich die Deskription, hier keinen Erfolg verspricht. Sein Gesicht lädt weder dazu ein, Emotionen oder Charakter, persönliche Stärken oder Schwächen aus ihm heraus, noch dazu, sie hinein zu interpretieren. Nicht nur die Anzahl seiner Filme und die Differenziertheit seiner Rollen nivellieren jedes eindeutige Image, auch seine Ausstrahlung ver-

THE APARTMENT: Shirley MacLaine, Jack Lemmon

THE APARTMENT: Jack Lemmon, Shirley MacLaine

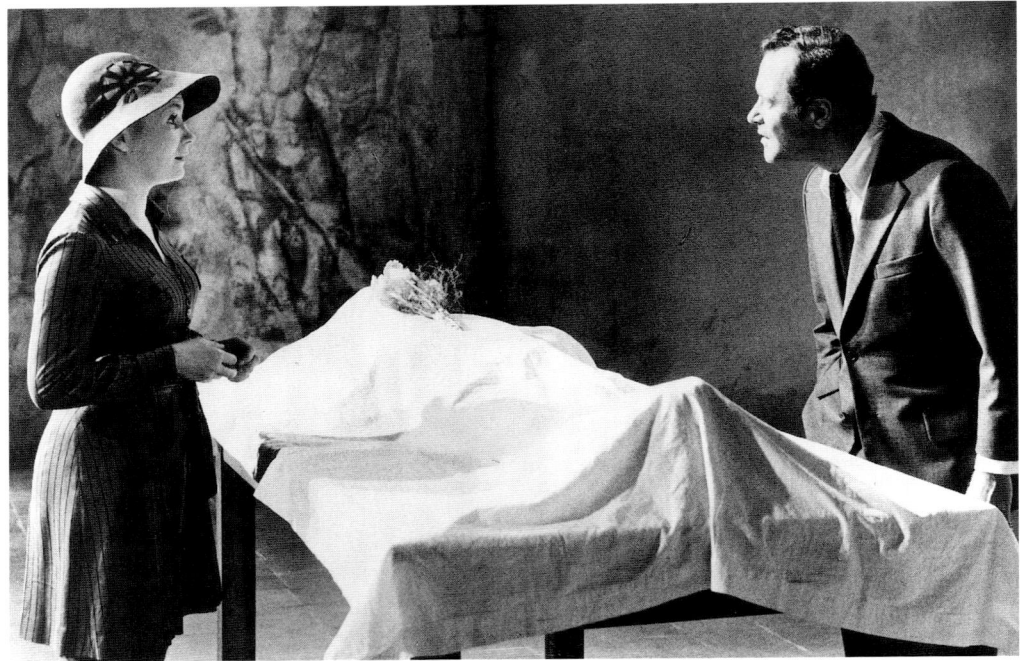

AVANTI!: Juliet Mills, Jack Lemmon

schwimmt ausgerechnet in der Annäherung zur Unschärfe. *Close-Ups* rücken ihn noch weiter von uns ab, als daß sie etwas von ihm offenbaren. Es verspricht auch wenig Erfolg, über eine Beschreibung von Physiognomie, Gesten oder Mimik seine unbestritten einzigartige Wirkung zu erfassen. Lemmon öffnet – zumindest der konventionellen Methodik – keinen Raum für Imagination. Nur eines ist sicher: Das Altern hat sein Charisma verstärkt.

Jack Lemmon ist ein Darsteller, der aus der Distanz wirkt. Und der mit der Distanz spielt. In einer – zum Teil allerdings inszenierten – Dokumentation über Billy Wilder (BILLY WILDER, ARTISTE) besucht Lemmon (Wilder nennt ihn »Jackson«) den Regisseur in seinem Büro. Sie unterhalten sich über moderne Kunst und über Lemmons Golf-Handicap. Als Lemmon geht, dreht er sich in der Tür noch einmal um, vornübergebeugt, den Kopf schräg gelegt und den linken Arm ausgestreckt, auf Wilder deutend, um sich zu verabschieden.

Diese typische Bewegung findet sich auffällig oft auch in Lemmons Filmen. Er wendet sich ab, um dann doch noch etwas zu sagen – als wolle er, bevor er etwas eröffnet, Abstand zwischen sich und sein Gegenüber bringen. Nicht nur die exponierten Versuche der räumlichen Distanzierung fallen auf, auch, wie oft er im Moment des sich Abwendens noch etwas bemerkt: wenn er, zum Beispiel, Kevin Costner in J.F.K. beinahe schon den Rücken zugekehrt hat, dabei aber zunächst den Körper, dann erst den Kopf abwendet. Doch Lemmons Augen sind noch immer auf seinen Gesprächspartner, nein, genauer: sind in seine Richtung gerichtet, um mit Nachdruck zu bestätigen, daß er seine Beobachtungen nicht vor Gericht wiederholen werde. Die Augenpartie ist in die-

THE NOTORIOUS LANDLADY: Jack Lemmon, Kim Novak

sem CinemaScope-Film ohnehin faszinierend eingefangen – das Spiel der Lider, der Augenbrauen, die nur selten still verharren, selbst eine kleine Ader unter dem linken Auge fügt sich in die Inszenierung ein, scheint an- und abzuschwellen. Und auch, daß Lemmon hier aus dem Off Erinnerungen kommentiert, daß Stimme und Körper getrennt sind, unterstreicht die Zerrissenheit einer Person, die sich der Nähe und der Verantwortung entzieht.

Oft – so auch in THE CHINA SYNDROME, als er während des ersten Unfalls zwischen den Instrumenten und Anzeigen im Kontrollraum des AKWs hin- und hereilt – richtet sich Lemmon zwischen verschiedenen Bewegungsabläufen nicht einmal auf, so als koste ihn das viel zuviel Zeit, aber auch, weil er, gleich wieviele Menschen mit ihm in dem Raum sind, ganz in sich und für sich ist, ganz in sich versunken und auf seine Aufgabe konzentriert. »Der Lemmon ist hochintelligent, denn er kennt nicht nur seine eigenen Probleme als Schauspieler, er kann sich auch in meine Probleme als Regisseur hineindenken. Und das ist immer sehr hilfreich«, lobt Wilder seinen Star.

Keiner ist so oft verlassen oder verloren, verstoßen oder geschieden, nur geduldet oder ausgenutzt wie Lemmon, sei es nun in THE ODD COUPLE, BUDDY BUDDY oder THE APARTMENT. Er ist der Fremde, wie in MACCHERONI, IRMA LA DOUCE oder AVANTI! Auch in J.F.K gehört er dazu – und auch nicht. Während die Gruppe um Ed Asner und Gary Oldman ihre Pläne schmiedet, sitzt er im Vorzimmer und greift oft zur in der Schublade versteckten Schnapsflasche. Er beobachtet das Kommen und Gehen im Büro, doch wenn der Anschlag auf Castro geplant wird, schlägt man ihm, wie einem Subalternen, die Tür vor der Nase zu.

THE FORTUNE COOKIE: Jack Lemmon, Judi West

IRMA LA DOUCE: Jack Lemmon, Shirley MacLaine

PHFFFT!: Jack Lemmon, Kim Novak

Nur zwei Auftritte absolviert Lemmon als Großvater des verunglückten Jungen in Robert Altmans Film SHORT CUTS, doch es scheint mir, als seien diese beiden Auftritte die Quintessenz seiner Rollen. Beim ersten Auftritt kehrt er zurück zu seinem Sohn, den er seit Jahren, seit er die Familie verließ, nicht mehr gesehen hat, und versucht, die Beziehung wiederherzustellen, um wieder zur Familie zu gehören. Noch mag er nicht akzeptieren, daß sein Sohn ihn in seinem Leben nicht braucht und ihn dort auch nicht will. Obwohl er in der Cafeteria einfach zurückgelassen wird, glaubt Lemmon an ein Happy End. In der zweiten Szene verschwindet er wieder aus dem Leben seines Sohnes, nachdem er bei dem dramatischen Lebensrettungsversuch seines Enkels nur ein an den Rand gedrängter Zuschauer ist, während sein Sohn und seine Frau sich vor Angst um den Jungen aneinanderklammern. Mit müden Schritten, breitbeinig, verläßt er das Krankenhaus, einmal mehr mit hängenden Schultern, den Kopf vornübergebeugt. – Holla, hier komm' ich! Mit lautem Geschnatter und einem Eiertrick, über den er selbst sich am lautesten begeisterte, war er ins Leben seines Sohnes zurückgekehrt, laut und impulsiv, auf sich selbst fixiert, die Namen von Enkel und Schwiegertochter gleich wieder vergessend, kaum, daß er sie gehört hat. Doch das Getöse, das er inszeniert, soll nur seine Einsamkeit verdecken. Als er sich vor seinem Sohn wegen der Jahre rechtfertigt, in denen er ihn vernachlässigt hat, berauscht er sich an den eigenen Worten und Gesten – als müsse er vor allem sich selbst von der Unabänderlichkeit des Geschehenen überzeugen. Er gehört nicht mehr zu dieser Familie und wird nie mehr zu ihr gehören.

Dad: Jack Lemmon, Olympia Dukakis

Obwohl Lemmon bestimmte Gesten mit Grandezza zelebriert und offensichtlich gern wiederholt, obwohl er natürlich Interpretationen liefert, für die er besonders gefeiert wird, etabliert er sich doch nie als Typus. Aber es gibt Gesten, die sich durch sein Werk ziehen, die er immer wieder aufnimmt, die immer wieder aufblitzen.

Typisch für ihn sind sein Gang und seine nasale Stimme. Er spricht nervös, holt tief und laut Atem, schnappt oft nach Luft. Er akzentuiert Sätze, indem er lacht, ohne den Redefluß stocken zu lassen, Wörter wiederholt, Füllsel einstreut oder unerwartet Rhythmus und Melodie wechselt.

Und: Typisch ist sein Blick. Er gibt ein Zusammenspiel aus Pupille, Lid und Augenbraue, das er sehr übertrieben und comic-haft in Komödien, aber auch sehr fein nuanciert einsetzen kann. Vor allem jedoch scheint er seine Filmpartner nie wirklich zu fixieren. Er schaut immer knapp an ihnen vorbei, oft auch zu Boden, zur Seite, an die Decke. Als sich in The China Syndrome der Unfall im AKW ereignet, stützt er den Kopf in die Hand, stiert ins Nichts, und doch sehen wir förmlich, wie hinter seiner Stirn die erschreckende Erkenntnis von dem reift, was mangelnde Sicherheitsvorkehrungen bedeuten. So intensiv ist hier sein ins Leere, ins Innere gerichteter Blick, daß der Regisseur James Bridges diese Szene später sogar in Nahaufnahme wiederholt. Ähnlich schmerzerfüllt ist Lemmons Blick in The Fortune Cookie, wenn ihm bewußt wird, daß seine Frau längst in den Versicherungsbetrug eingeweiht ist und nur des Geldes wegen zu ihm zurückkehrte.

Noch ganz anders blickt Lemmon in seinem Leinwanddebüt It Should Happen to You. Als Dokumentarfilmer fällt sein Blick durch den Sucher der Kamera auf Judy Holliday. Von ihr kann

IRMA LA DOUCE

SHORT CUTS

er von nun an die Augen nicht lassen. Wie unkonventionell seine Art zu schauen ist, wird vor allem offenbar, wenn Lemmon standardisierte Blickstrategien des Kinos anwendet, so in Airport '77. Wenn sein Gesicht dem seiner Freundin ganz nahe kommt, blickt er zärtlich auf ihre Augen, ihre Nase, ihren Mund. Sanft und samten, und so gar nicht Lemmon.

»I'm hopeful that between the ages of fifty and sixty I'm going to be a hell of an actor«, verkündete er. Doch! Jack Lemmon kriegt die Mädchen. Am Ende seines ersten Films It Should Happen to You steht wie zum Schluß seines letzten (in Deutschland angelaufenen) Films Grumpy Old Men ein Happy End, sogar eine Hochzeit.

Jack Lemmon erobert im Kino unter anderem Judy Holliday, Betty Garrett, Doris Day, Shirley MacLaine, Kim Novak, Lee Remick, Virna Lisi, Geneviève Bujold, Lee Grant, Julie Andrews.

Früher hätte ich geschworen, er gehe am Ende immer leer aus, habe vielleicht – so wie in Some Like It Hot – auch gar kein Interesse am anderen Geschlecht, weil er eigentlich mit Frauen nichts rechtes anzufangen weiß. Doch auch dies ist ein Bild, das sich in unseren Köpfen manifestiert, ohne in den Filmen selbst, zumindest in ihrer Quantität, belegt zu sein.

Am Anfang seiner Karriere wurde Lemmon bewußt als »romantic leading man« besetzt. Heute wirkt er in diesen Rollen blaß und brav, selbst wenn er sich, wie in My Sister Eileen, Days of Wine and Roses oder How to Murder Your Wife, als ausgesprochener Playboy entpuppt. In The Notorious Landlady verkörpert er im unterkühlten Großbritannien genüßlich den Amerikaner mit lockeren Sitten. Ausgehen ist seine Leidenschaft, Mambotanzen seine Passion, Whisky sein

HOW TO MURDER YOUR WIFE: Virna Lisi, Jack Lemmon

Lebenselexier. Aber haben wir uns nicht immer gewundert, wie C.C. Baxters Nachbarn in Wilders bitterer Komödie THE APARTMENT tatsächlich dem Irrtum aufsitzen konnten, sie wohnten neben einem Ladykiller? Er entwickelt doch nicht einmal genug Energie, um seine Beförderung durch Korruption zu forcieren und sitzt lediglich dem irren Glauben auf, sein Wohnungsschlüssel sei der Schlüssel zum Erfolg. Er ist schwach und naiv, kränkelnd und ungeschickt, so blauäugig, daß es schmerzt. Aber Lemmons Sex-Appeal steigert sich mit dem Alter. Lemmon, der Womenizer: Ein Foto zu ALEX AND THE GYPSY zeigt ihn und Geneviève Bujold. Er liegt mit nacktem Oberkörper im Bett, hinter dem sie im Negligé steht. Ganz entspannt hat er die Hände über dem Bauch verschränkt. Ganz relaxed. Im Mundwinkel lässig eine Zigarre, schaut er in die Kamera. Ultracool und »very seventies«. Vielleicht sind die Publicity Shots zu ALEX AND THE GYPSY aber nur ein leeres Versprechen auf Camp. Denn weniger Macho-Allüren als vielmehr die Verbitterung und die Angst eines Mannes in der Midlife-Crisis scheinen nach Lemmons Erfolg in SAVE THE TIGER seine Rollen zu dominieren. »He can play only one character – the insufferably self-centered, bitterly resentful menopausal male – and it's reached a point where (...) he suffers from frequent hot flushes of anger and carries a perpetual chip on his shoulder for no apparent reason«, schreibt Kathleen Carroll über Lemmon.

Wie in ALEX AND THE GYPSY trägt er auch in AIRPORT '77 einen Schnurrbart. Er ist die Respektsperson im hellblauen Uniformhemd, strahlt in seiner schwarzen Lederjacke Männlichkeit aus. Er kann zupacken, rettet verunglückte Passagiere, während die Navy ihm von der sicheren Schiffsreling aus dabei zuschaut. Lemmon in Action! Einer dieser schlechten Filme, die trotz Kamera-zooms und -fahrten leblos wirken und ihre Herkunft vom Theater, das mit anderen darstelleri-schen Mitteln arbeitet, nicht verhehlen können, ist Tribute. Doch Lemmon ist großartig – und, mit 55 Jahren, sexy. Die ganze Welt fungiert dem PR-Agenten Scottie Templeton als Stichwortgeber. Aufgekratzt, naßforsch und voller Esprit flirtet er mit jungen Mädchen, die prompt seinem Charme erliegen. Doch Scottie hat Krebs, und er will ihn nicht behandeln lassen. Warum auch? Und für wen? »I never had the courage to fail; I never laid anything on the line.« Statt im Krankenhaus zu leiden, will er seinem Sohn eine Mitgift fürs Leben geben: Spaß zu haben und den Augenblick zu genießen. Erst als er sich seinem Sohn, von dem er sich entfremdet hat, wieder annähert, gibt er nach und läßt sich auf die Krebstherapie ein. Am Ende feiern seine Freunde sein Leben, und in seinen Augen glitzert ein unbeschreiblicher Schmerz – vor Glück.

THE ENTERTAINER

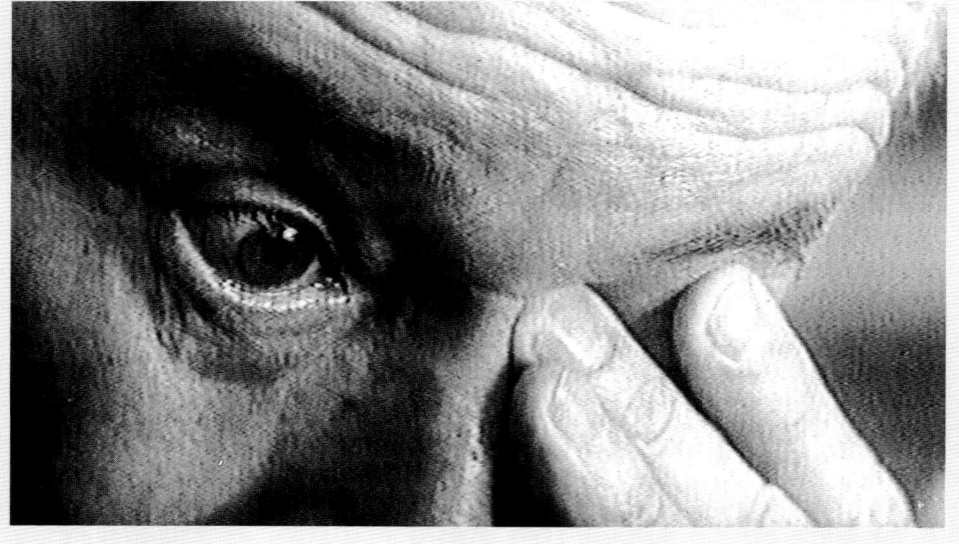

J.F.K.

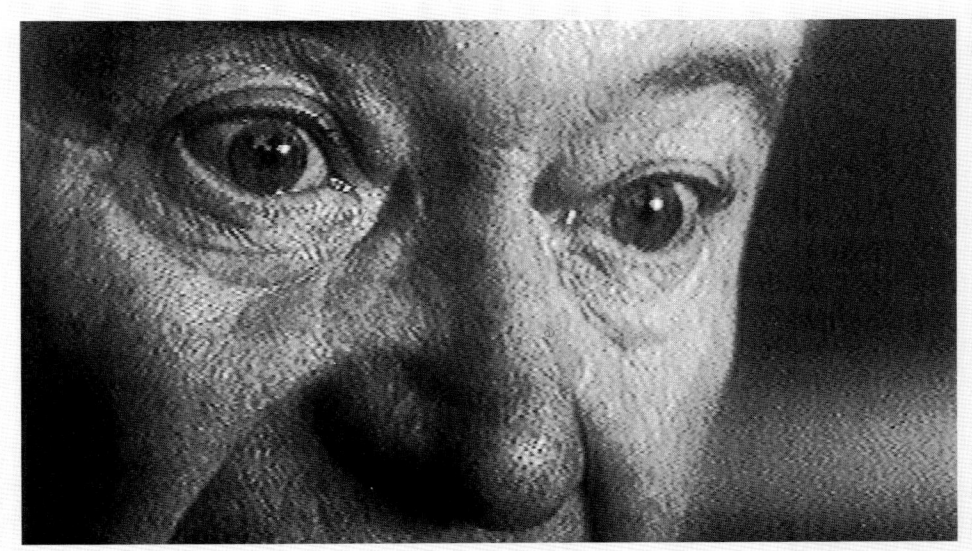

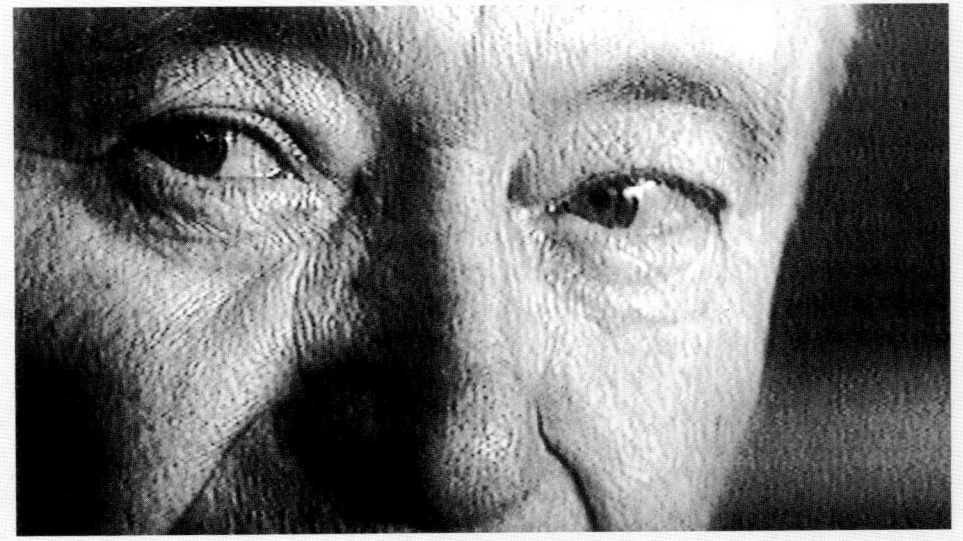

J.F.K.

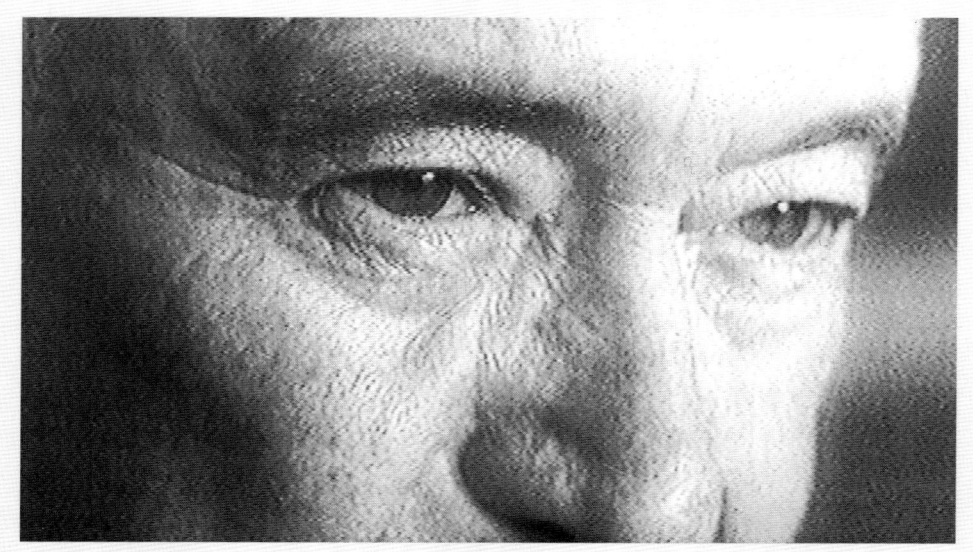

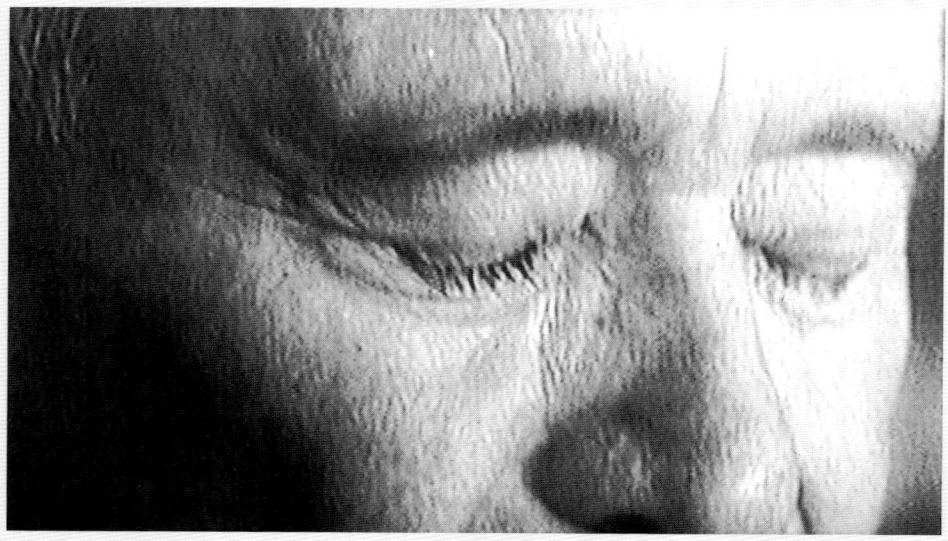

J.F.K.

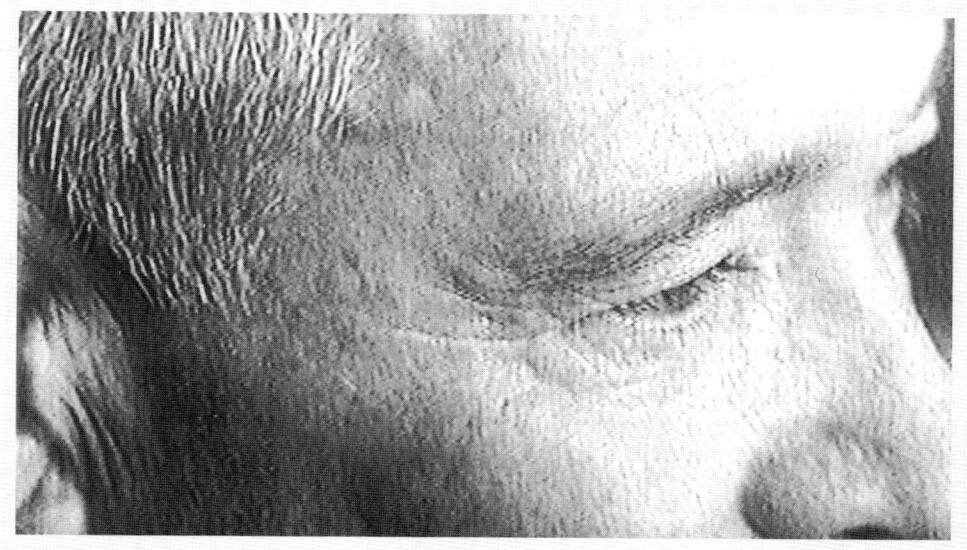

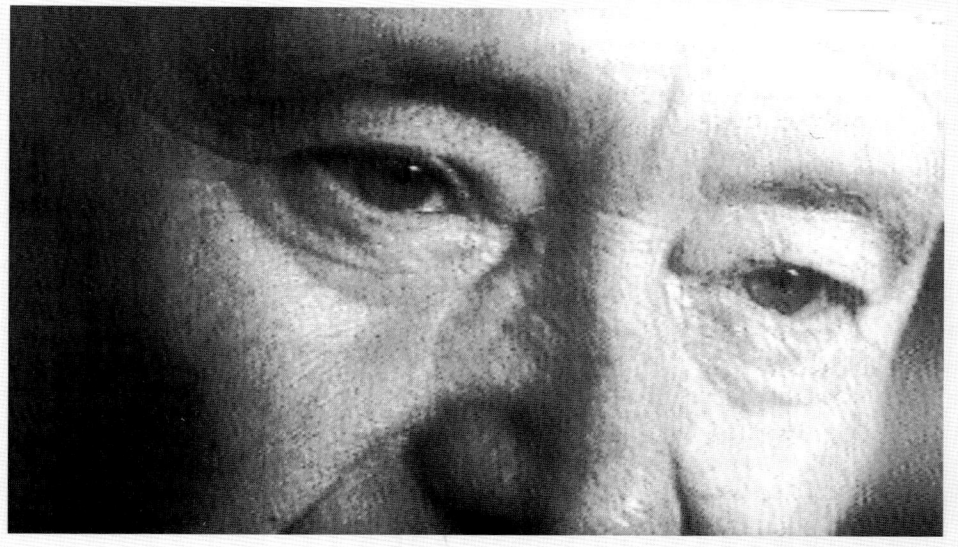

J.F.K.

It Should Happen to You!

ROBERT MÜLLER

Ein heißer Sommertag in New York: Mit den Augen und durch die Kamera des Dokumentarfilmers Pete Sheppard sehen wir dem bunten Treiben im Central Park zu, blicken auf die Passanten, die vor der Hitze der Großstadt fliehen. Hier begegnet Pete zum ersten Mal Gladys Glover, und der Film läßt keinen Zweifel daran, daß sich zwei Menschen gefunden haben, die in vielerlei Hinsicht zueinander passen – sie in ihrem schlichten Kleid, mit dem kecken Barett, der schwarzen Lackhandtasche; er in seinem nicht mehr ganz frischen Hemd, der nachlässig gebundenen Krawatte und dem zerknitterten Sakko. Die wenig gräziöse, grobknochige Naive und der leicht derangierte, gedrungene Pragmatiker: Jack Lemmon und Judy Holliday in It Should Happen to You! sind kein glamouröses Paar, vielmehr scheinen sie in ihrer alltäglichen Redlichkeit und Einfachheit einem von Petes Dokumentarfilmen entsprungen. Zum Abschied gibt Pete Gladys einen ungelenken Handkuß, eine anrührende Geste, die er in einem französischen Film gesehen hat und die für beide die Apotheose der Galanterie darstellt.

Zehn Jahre lebt er nun bereits in New York, und fast hat Pete vergessen, daß es in dieser Stadt noch solch offenherzige und liebenswerte Frauen gibt. Ohne falsche Scham hatte Gladys ihm zu Beginn ihrer Bekanntschaft erzählt, daß man sie als Modell für Hüfthalter entlassen habe, weil ihre Taille nicht mehr den Idealmaßen entsprach – eine augenzwinkernde Anspielung auf die bekannten Gewichtsprobleme Judy Hollidays, die der wegen seiner mangelnden Sensibilität berüchtigte Columbia-Studiochef Harry Cohn nur »that fat Jewish broad« nannte –, und ihm ohne jedes kokette Zaudern ihre Adresse gegeben. Langsam beginnt der Reiz ihres naiven Charmes zu wirken, und so sehen wir Pete schon bald vor einem Spiegel, ein Liedchen brummend, die Haare bürstend, voller Vorfreude auf ein abendliches Rendezvous mit Gladys. Selbst nachdem sie die Verabredung kurzfristig abgesagt hat, grinst er immer noch verliebt sein eigenes Konterfei an.

Den Höhepunkt des entspannten Zusammenspiels zwischen Lemmon und Holliday bildet die Szene in einer Bar: Pete sitzt am Klavier, klimpert einige Takte, intoniert schließlich den Harold Arlen-Song »Let's Fall in Love«, während sich Gladys zärtlich an ihn schmiegt. Beide singen einige Liedzeilen, flirten, summen die Melodie, reden über eine gemeinsame Zukunft – ein zauberhafter Moment der Intimität. Doch nicht nur in Augenblicken der Harmonie, auch bei der verbalen Auseinandersetzung ergänzen sich Technik, Timing und Temperament der beiden Schauspieler: Hollidays hohe Stimme, kleinmädchenhaft und weinerlich-trotzig, gewinnt überraschend an Schärfe, wenn sie sich gegen Lemmons Angriffe zur Wehr setzt; er hingegen macht seinem Unmut polternd und selbstgerecht in einem stotternd-stammelnden Wortschwall Luft.

Anlaß ihres Streites und der Grund, weshalb beide erst am Ende des Films zueinander finden, ist Gladys' Traum vom Ruhm, ihr Wunsch, einmal im Leben beachtet zu werden. So mietet sie

It Should Happen to You!: Jack Lemmon, Judy Holliday

mit ihren Ersparnissen eine riesige Werbetafel am Columbus Circle, um dort in überdimensionalen Lettern einfach nur ihren Namen zu plakatieren – eine unkonventionelle Aktion, das Selbstwertgefühl zu steigern. Der rechtschaffene, vernünftige und phantasielose Pete hat für eine solch irrationale Maßnahme wenig Verständnis. Vergeblich versucht er, sie davon zu überzeugen, daß es erstrebenswerter sei, Teil der Gesellschaft zu sein als aus ihr auszuscheren. Als Gladys dank ihrer ungewöhnlichen Werbung in eigener Sache plötzlich zu einem Fernsehstar wird, wandelt sich der Film zu einer Persiflage auf die Anfänge des Medienzeitalters. Mit seiner leicht verrückten Heldin, dem Wortwitz und den satirischen Seitenhieben ähnelt It Should Happen to You! einer Screwball-Comedy der dreißiger Jahre, der mit der Moral der fünfziger alle Schärfe genommen wird.

Am Ende hat sich Petes Biedersinn gegen das soziale Aufbegehren von Gladys durchgesetzt. Sie hat ihren Traum seinem Lebensentwurf des kleinen gemeinsamen Glücks unterworfen. Pete hat ihr mit einer Liebeserklärung in Form eines Dokumentarfilms, in der er nochmals die süßen und die bitteren Momente ihrer Romanze Revue passieren läßt, die Augen geöffnet und ihr Herz gewonnen. Mit diesem Liebesbrief auf Zelluloid schließt ein Diskurs über Realität, der im Central Park mit einem Gespräch über Petes Arbeit begonnen hatte: über wirkliche Dinge und über die Dinge, die wirklich zählen.

Mister Roberts

OLAF MÖLLER

Kurz vor Ende des Zweiten Weltkriegs dümpelt ein amerikanischer Versorgungsfrachter an irgendeiner fremden Küste vor sich hin. Seit rund einem Jahr kein Landgang, keine Frauen, kein echtes Besäufnis, nur stupide Routine unter knallender Sonne. Die Mannschaft steht kurz vor dem Nervenzusammenbruch, aber den Kapitän (James Cagney) interessiert das nicht. Eine Meuterei ist nicht sehr wahrscheinlich, das Potential dafür wäre aber greifbar. Mr. Roberts (Henry Fonda) tut, was er kann. Er steht, zusammen mit dem namenlosen Schiffsarzt Doc (William Powell) und C.P.O. Dowdy (Ward Bond), als vermittelnde Instanz zwischen dem Kapitän und der Mannschaft. Ensign Pulver (Lemmon), der jüngste unter den Kommandierenden, steht (auf seine Art) dem Trio zur Seite. Roberts will weg von dem Kahn, will die Orte des Krieges sehen, wo das Leben und der Tod untrennbar sind; er will außerdem, daß es seinen Leuten gut geht. Er verkauft stillschweigend seine Seele an den Kapitän, damit die Mannschaft einen Abend Urlaub bekommt, verwandelt sich dabei in einen kleinen Tyrannen, wird von den Ahnungslosen gemieden, ›gerettet‹ schließlich durch einen Zufall, und schlußendlich von seinen Jungs mit dem blechernen Palmenorden für außerordentliches Rebellentum geehrt. In einer Koda erfährt man, daß Roberts nach seiner Versetzung auf einem Zerstörer fiel. Er spielte mit zwei anderen Offizieren in der Messe Karten, als ein Kamikaze die Schiffsaufbauten zerstörte.

Eigentlich sollte John Ford den Film inszenieren. Doch schon bald nach Beginn der Dreharbeiten zerstritten sich Ford und Fonda, der nicht einverstanden war mit des Meisters eigener Interpretation des Stoffes und der den Roberts exakt so spielen wollte, wie er es jahrelang auf der Bühne getan hatte. Ford zog sich bald schon immer mehr von dem Film zurück und trank auf seine Depressionen. Mervyn LeRoy, der damals seine besten Tage lange schon hinter sich hatte, machte mit dem Film weiter, und Joshua Logan arbeitete auch ein wenig daran. »The character William Powell was playing – ›Doc‹ – had been changed by Ford. He had made him a drunk, I made him sober, as he had been in the original play«, sagt Mervyn LeRoy in seiner Autobiografie. Genauso sieht der Film auch aus: nüchtern, aber nicht nüchtern wie ›entspannt nach einem soliden Suff‹, sondern nüchtern wie ›abstinent‹. Der Film schlingert vor sich hin, die wenigen Augenblicke von John Ford leuchten regelrecht unanständig hell in der Düsternis von aufgesetzter Wichtigtuerei. So könnte man nämlich den guten Mr. Roberts auch sehen: Als einen sich bescheiden gebenden Akademiker, süchtig nach Ruhm und Anerkennung in einer Welt, in die er gar nicht gehört und in die er, wenn er ehrlich wäre, sich auch niemals freiwillig begeben hätte.

1955 war ein finsteres Oscar-Jahr. In diese Finsternis hinein fällt Jack Lemmons Academy Award als bester Nebendarsteller. Dabei fällt er in MISTER ROBERTS eigentlich nicht besonders auf, wird nicht wirklich gefordert – aber dieses Schicksal teilt er mit der Besetzung. Fonda ist stoisch-

MISTER ROBERTS: William Powell, Henry Fonda, Jack Lemmon

gut, Cagney hysterisch-böse, Bond besorgt, Powell gelassen, jede Figur wie eine ausgetrocknete Pfütze. Lemmon wirkt von allen am nachhaltigsten, sein Pulver ist noch die lebendigste Figur an Deck. Er ist jungenhaft, quirlig, und wenn es um Frauen geht, fängt er an, glücklich-erregt zu rotieren, statt wie der Rest in eine Pose etwas dumpfer Steifheit zu verfallen. Aber er ruht sich ja auch immer lang genug aus. Pulver ist so sehr mit Ausruhen beschäftigt, daß er es noch nicht einmal übers Herz bringt, seine Koje zu verlassen und an seinen Spind zu gehen. Für solche Fälle hat er eine lange Greifzange. Weil Pulver der lebendigste unter den lebendig Begrabenen ist, hat er am Ende auch die nötige Energie, Roberts Rebellion weiterzuführen. Pulver führte den ganzen Film über eine Existenz zwischen den Polen, er war so unbeweglich wie der Kapitän und im Geiste so aufsässig wie seine Freunde.

Cowboy

OLAF MÖLLER

Der Titel ist einfach, klar und schön, sagt ganz genau, worum es geht. Er hat keine Schnörkel und ist so funktional wie die Arbeit, die er beschreibt. Er trägt in sich aber auch das Pathos der Erinnerung an viele Filme, der erinnerten Träume an eine Zeit und an ein Land. Wenn man in dieser Zeit der Cowboys gelebt und diesen Beruf ausgeübt hat, dann war das wohl nur wenig gefühlvollpathetisch. Meist, wenn man nicht der Anführer eines Trecks war, der Mann mit der Verantwortung und dem größten Anteil am Lohn, dann war es bestimmt eine ziemliche Plackerei, um nicht zu sagen: Es war eine Drecksarbeit.

Und genauso stellt Tom Reece (Glenn Ford) seinen Beruf dem Hotelempfangschef Frank Harris (Lemmon) vor, als dieser ihm einen Whisky ins Bad bringt und dem legendären Cowboy sagt, er wolle auch Viehtreiber werden. Da muß Reece erst einmal eine Küchenschabe an der Wand erschießen. Aber Harris ist nicht so geistesschlicht, wie er auf den ersten Blick wirkt. Er hat ein wenig Geld, kann damit umgehen und besitzt vor allen Dingen eine gesunde Portion Durchsetzungsvermögen. Er hilft Reece einmal aus einer finanziellen Unpäßlichkeit (wie man so unter Gentlemen sagt), der ihn dafür aber bei seinem nächsten Treck mitnehmen muß. Reece steht zu seinem Wort, auch am nächsten Morgen, als er das Geld beim Pokern zurückgewonnen hat und sein Rausch leicht abgeklungen ist. Harris geht durch die harte Schule des Lebens, deren Lehren lauten: Brich den anderen oder werde gebrochen! Nur Autorität zählt! Sentimentalität ist für die, die sie sich leisten können!

Die letzte Lektion ist die schwierigste, speziell für Harris, der aus Liebe zu einer Unerreichbaren Cowboy werden will. Ein seltsamer Umgang mit Gefühlen durchzieht den Film – die Männer sind dann immer hilflos, unsicher, bedroht. Harris, zu Beginn der einzige im Treck, der seine Emotionen offen zeigt und auslebt, bringt die Gruppe immer wieder in Schwierigkeiten. Es geht nicht darum, einen Fremden in eine geschlossene Gemeinschaft zu integrieren, sondern darum, daß jemand den Kodex dieser Gemeinschaft hinterfragt. Man wird nie erfahren, ob Harris sich wirklich geändert hat im Verlauf dieses Trecks – so, wie man nie erfahren wird, ob Reece wirklich so abgebrüht ist, wie er immer tut. Aber aus dem eigenen Leben weiß man, daß die Rollenspiele und die Realität sich immer durchdringen müssen, damit ein Mensch atmen kann, überhaupt eine Chance zum Leben hat.

Man kann nicht sagen, daß Delmer Daves, der große Pragmatiker unter den Regie-Westernern, nicht perfekt war im Umgang mit Schauspielern, aber wirklich glücklich war er offenbar nur mit den *stuntmen* und den *wranglers*. Daves macht ein Kino der reinen Physis, wo die Bewegung der Kamera der Herzschlag seiner Figuren ist, bleibt dabei aber immer absolut nüchtern, kein Bild, keine Szene ist zu viel oder zu lang. Jack Lemmon paßt zunächst einmal nicht in einen Western,

COWBOY: Jack Lemmon, Glenn Ford

also ist er perfekt für diese Rolle. Erzogen wird er von Glenn Ford, der ist auch perfekt in seiner Rolle. Beide fühlen sich miteinander nicht sehr wohl. Lemmon und Ford belauern sich gegenseitig auf der Suche nach den Rissen in der Fassade des anderen. Lemmon spielt immer mehr als Ford, er muß sich in dieser für ihn eher seltsamen Umgebung permanent zusammenreißen. Man kann sehen, wie er mit sich kämpft, und man kann sehen, daß er seine Arbeit meistert. Er kommt am Ende mit seiner Figur zusammen an.

Some Like It Hot

CHRISTIANE PEITZ

Daphne ist glücklich. Hat die Nacht durchgetanzt, einen Heiratsantrag erhalten, und das von einem Millionär. Nun aalt sie sich erschöpft auf dem Bett und rasselt versonnen mit den Rumbakugeln. Ihr Freund Joe ist entsetzt, denn schließlich ist Daphne ein Mann. Aber alle Einwände pariert sie – in einem der komischsten Dialoge der Filmgeschichte – mit schlagenden Argumenten. Und mit ihren Maracas.

Die Rumbakugeln gehören zu den genialsten Einfällen Billy Wilders. Das Rasseln verschafft nicht nur Zeit für die Lacher zwischen den Pointen, es markiert gleichzeitig die Verwandlung von Jerry in Daphne. Jerry will sich gar nicht mehr der Frauenkleider entledigen. Seine Rolle ist in ihn gefahren wie ein fröhlicher Dämon, und deshalb soll dieser Tango niemals zu Ende sein. Jack Lemmon als Daphne: die Geschichte einer Verzückung.

Den Part von Jerry/Daphne haben Billy Wilder und sein Ko-Autor I.A.L. Diamond dem Schauspieler auf den Leib geschrieben. SOME LIKE IT HOT wurde Lemmons erster Wilder-Film, von insgesamt sieben. Um ein Haar hätte er ihn verpaßt, denn United Artists war von dieser Komödie, die mit einem Massaker beginnt, mit einem weiteren endet und dazwischen zwei Männer in Frauenkleidern zeigt, so wenig begeistert, daß die Produktionsfirma auf einem Star bestand. »Blood and jokes do not mix«, befand David O. Selznick, also sollte zur Aufwertung des Scripts Frank Sinatra Lemmon ersetzen. Aber dann wurde Marilyn Monroe als Sugar engagiert, und der damals weniger bekannte Lemmon durfte Daphne spielen.

Nichts in diesem Film ist, was es scheint. Die Travestie infiziert noch die kleinste Nebenhandlung. In Chicago, 1929, dient ein Sarg zum Schnapstransport, hinter einem Bestattungsunternehmen verbirgt sich ein Vergnügungsschuppen, in Florida wird eine Geburtstagstorte zur Mordwaffe. Mit Marilyn Monroes Unpünktlichkeit und den berüchtigten 65 Takes für ihren Satz »Where is the Bourbon?« gerieten die Dreharbeiten des amüsantesten Wilder-Films zur Tragödie. Die ersten 20 Minuten kommt die Komödie im Gewand eines Gangsterfilms daher, Marilyn Monroe ist als tragische Romantikerin mit dem Traum vom reichen Brillenträger »so gründlich maskiert, daß sie fast sie selbst ist« (Hellmuth Karasek), und Tony Curtis als Joe kehrt anstelle des bettelarmen Weiberhelden den impotenten Millionär heraus (der dazu auf Monroes Ehemann Arthur Miller anspielt). Eine Verstellung, die dem Zuschauer die denkbar verdrehteste Liebesszene beschert. Marilyn, die verführerischste Frau der Welt, muß Tony Curtis verführen, bei dem sich nichts regen darf. Der wirkliche Millionär Osgood Fielding III. (Joe E. Brown) entpuppt sich zuletzt gar als einer, der möglicherweise *drag queens* den Blondinen vorzieht. Und Jack Lemmon – ist eine Frau.

Es ist viel geschrieben worden über die Flucht aus dem kalten Chicago ins sonnige Florida als Reise von einer männlichen in eine weibliche Welt. Über die *homosociality* der Helden Curtis und

SOME LIKE IT HOT: Jack Lemmon, Tony Curtis

Lemmon in Frauenkleidern. Über Identität als Hypothese und Phantom. Aber niemanden, außer vielleicht Cary Grant in I WAS A MALE WAR BRIDE, hat die Lust an der Verwandlung so leidenschaftlich gepackt wie Jack Lemmon. Die Idee, bei einer Frauenband anzuheuern, nimmt Jerry von Anfang an ein. Hochhackig über den Bahnsteig staksend versetzt er sich, zunächst befremdet, in die weibliche Spezies: »Das zieht ja so von unten, die müssen sich doch dauernd erkälten. Ich fühle mich nackt. Alle starren mich an.« Sein Resümee – »it's a whole different sex« – widerlegt er aber bald selbst. Nachdem er sich im Zug noch einreden muß, daß er eine Frau ist und nachdem er den Alptraum der Schlafkoje voller süßer Mädels in Négligés, die er *nicht* vernaschen darf, überstanden hat, wird ihm seine neue Haut zur zweiten Natur.

Männer, sagt Daphne, sind schreckliche, haarige Biester. Dennoch geschieht die Demontage der Männlichkeit nicht auf Kosten derselben. Jack Lemmon entlarvt den kleinen Unterschied bloß als einen, den man getrost ignorieren kann. Geschlecht ist nur eine Frage der Perücke.

»Nobody is perfect.« In der berühmten Schlußpointe verbirgt sich die Aufforderung, den Tango selber zu wagen und wie Daphne mit ihrem Verehrer Osgood die Differenz der Geschlechter schrittweise aufzuheben. Auf ungewiß offener See verwischen die Identitäten sowieso. Aber Vorsicht: Daphne war eine Nymphe, die sich auf der Flucht vor Apoll ein für allemal in einen Baum verwandelte. Wer sich verstellt, ist hinterher nicht mehr derselbe.

It Happened to Jane

THEO MATTHIES

In einer kleinen Stadt in Maine scheint alles so, als könne nicht mal ein Orkan etwas verändern. Eine festgefügte Ordnung beläßt die Dinge am immergleichen Ort und im immergleichen Gang. Erst eine Waggonladung toter Hummer sorgt für ein bißchen frischen Wind, der die Geschehnisse in Bewegung bringt. Die toten Tiere haben das Geschäft der Hummerzüchterin Jane Osgood (Doris Day) verdorben. Ihr Recht einzufordern beauftragt sie den Freund der Familie, den erfolglosen Rechtsanwalt und Bürgermeisterkandidaten George Denham (Lemmon). Nun sind Recht und Gerechtigkeit zwei Paar Schuhe, die nicht zueinander passen wollen. Zwar erhält die Geschäftsfrau eine Entschädigung vom fintenreichen Eisenbahnunternehmer, doch ist ihr die gebotene finanzielle Zuwendung zu gering für den entstandenen Schaden, und sie besteht auf einer gerichtlichen Regelung. Der Anwalt ahnt die Fallen der Gerichtsbarkeit, doch ist er noch nicht Manns genug, auch seine Klientin davon zu überzeugen.

Gleich an mehreren Fronten hat Jack Lemmon in IT HAPPENED TO JANE zu kämpfen. Gegen die scheinbar übermächtigen Anwaltskollegen des rücksichtslosen Eisenbahnunternehmers wirkt er hilflos, als er ihnen am Anfang in seiner kurzhosigen Pfadfinderuniform entgegentritt und einen eigenen Fehler eingestehen muß. Ebenso wirkungslos bleibt sein erstes Auftreten bei der Bürgerversammlung gegen den jovialen, burschikosen Bürgermeister. Ein wort- und weltgewandter, gutaussehend-viriler Journalist scheint überdies dem Fall seiner Klientin zu mehr Erfolg zu verhelfen als Lemmons angewandte Rechtsbarkeit. Auch verspricht dessen entschiedenes Buhlen um Doris Day mehr Erfolg als Lemmons freundschaftlich-zurückhaltendes Anbändeln. In allen Fällen ist es der Konflikt zwischen dem jungenhaften Lemmon und dem großen, männlichen Vater oder Bruder, der hier ausgetragen wird. Richard Quine hat diese Auseinandersetzungen sehr ausgewogen inszeniert, seine Regie bleibt gegenüber den Kontrahenten Lemmons immer ›fair‹: So gesteht er den Anwälten ein gerüttelt Maß an Gerechtigkeit zu und läßt sie mutig gegenüber ihrem mächtigen Auftraggeber erscheinen. Dem Journalisten gewährt er eine schmerzvolle und doch verständige Einsicht, als er Jack Lemmon und Doris Day sich küssen sieht. Sogar der ungemein fiese Eisenbahnunternehmer wird geläutert, so daß ihm in der letzten Einstellung des Films ein seltsamlustiger Abgang verschafft wird – und der Gemeinde ein neues, modernes Feuerwehrauto.

In diesem heiter-harmlosen Tonfall des Films ist es Jack Lemmon, der einige schräge Töne anschlägt. Als die verwitwete Doris Day in Begleitung des Journalisten nach New York reist, um dort im Fernsehen für ihre Sache zu werben, bleibt Lemmon mit ihren beiden Kindern allein zu Haus. Noch ist nichts entschieden, noch könnte der attraktive Journalist Doris Day betören, da verfällt der schlaflose Lemmon in einen Eifersuchtstaumel und attackiert die lustige Witwe mit nächtlichen Telefonanrufen. Oft sind es diese kleinen blitzartigen Attacken, die Lemmons hilflosen Um-

It Happened to Jane: Doris Day, Jack Lemmon, Ernie Kovacs

gang mit Konflikten voranzutreiben vermögen. Dabei fällt Lemmon niemals ›aus der Rolle‹. Auch wenn er am Abgrund steht, am Rande der Zerstörung, der Selbstzerstörung gar (etwa in The Apartment), geht er nie so weit, andere zu zerstören. Sein bürgerlicher Anzug paßt ihm viel zu gut, als daß er ihn gegen archaische Nacktheit tauschen würde. In It Happened to Jane ist Jack Lemmon der Bürger, der alle Mittel zur Hand hat, sich in seinem Leben einzurichten, der aber erst erkennen muß, wie das Leben funktioniert. Er muß lernen, die Konflikte zu meistern, die sich groß und global (der Eisenbahnunternehmer), klein und lokal (der Bürgermeister) und ganz ganz klein und privat (die heiratswillige Witwe) vor ihm aufbauen. Dann wird das Leben in der kleinen Stadt so sein können, wie es war, bevor ein leichter Wind die Dinge durcheinandergewirbelt und ein wenig verändert hat: ein Puppenheim.

The Apartment

CHRISTIANE PEITZ

New York im November. Eine erstarrte, steinerne Welt mit kalten Hochhausfassaden – die Metropole als Friedhof. Der Held stellt sich vor, aus dem Off. Sein Name: C.C. Baxter, einer von 8.042.783 Einwohnern (die aneinandergelegt vom Times Square bis nach Karatschi reichen würden), einer von 31.259 Versicherungs-Angestellten, mit Arbeitsplatz im 19. Stock, Sektion W, Pult Nr. 861. Der nervöse Tonfall Jack Lemmons straft die akkurate Statistik allerdings Lügen. Klar, er entspricht zunächst nur der Angst, nicht pünktlich zur Arbeit zu erscheinen. Aber die Hast des verbalen Sprints konterkariert die Erstarrung. Noch ist es nur eine Flucht.

Die Sehnsucht des kleinen Mannes im 19. Stock, in diesem riesigen von Alexander Trauner eingerichteten Großraumbüro, einem Kapitalismus-Alptraum in Panavision, gilt der 27. Etage, in der die Chefs thronen. Als Vehikel zum Aufstieg dient der Fahrstuhl: Man ist, wo man aussteigt. Dummerweise liebt Baxter die Fahrstuhlführerin Fran (Shirley MacLaine).

Jack Lemmon in THE APARTMENT, das ist Kafkas Büromensch. Eine kleine Nummer, ein beflissener Duckmäuser und Opportunist, ein »Schlemihl« (Billy Wilder) und zappelnder Stadtneurotiker, der abends einsam mit Tiefkühlkost vor dem Fernseher sitzt und vor lauter Reklame sogar noch um Greta Garbo in GRAND HOTEL geprellt wird. Die Abteilungsleiter nennen ihn sonst gerne Buddy Boy, einen guten Kumpel für einen schmutzigen Deal. Sie leihen sich Baxters Appartement für ihre Schäferstündchen mit dem Dienstpersonal; im Gegenzug winkt die Karriere.

Der Wohnungsschlüssel, also der Schlüssel zum Erfolg, wird anfangs ausgerechnet mit dem der Cheftoilette verwechselt. So sperrt Baxter sich aus. Er betreibt buchstäblich seine eigene Selbstentfremdung, die ihm nicht nur eine Nacht auf der Parkbank (und dem Zuschauer einen Jack Lemmon als verschnupfte Bogart-Karikatur) beschert, sondern eine Möglichkeit eröffnet, die Selbsttäuschung mit der umgekehrten Verwechslung rückgängig zu machen. Im Konflikt zwischen Liebe und Karriere verwirft er letzteres und kündigt mit den Worten: »I have decided to become a mensch«. So hatte sein Nachbar Dr. Dreyfuss gesprochen, als er Fran Kubelik nach ihrem Selbstmordversuch verarztet: »Be a mensch«. Allein die Namen (Kubelik, Dreyfuss) verraten, daß Baxter mit den Schlüsseln auch zwischen zwei Welten wählt, zwischen einem Europa humanistischer Prägung und dem amerikanischen Kapitalismus.

Am Anfang ist nur der Bewegungsdrang da, Jack Lemmons Gewusel, seine Ungeschicktheit, die schlenkernden Arme, die unordentlich schlurfende Gangart, seine kleinen, ruckhaften Gesten. Allein die slapstickhafte Eleganz, die ihn das Statussymbol der Oberschicht, den Tennisschläger, zum Spaghetti-Sieb zweckentfremden läßt, offenbart seinen verzweifelten Ehrgeiz und zugleich dessen Scheitern: Tennis spielt Baxter nur in der Küche. Vor lauter Bewegungsdrang verkennt er, wohin es ihn drängt. Er merkt gar nicht, wie er zum Komplizen eines gnadenlosen Systems wird,

THE APARTMENT

das Menschen zur Masse, Frauen zur Ware und Liebe zur Frage des Geldes degradiert. Aber seine Ignoranz macht ihn sympathisch.

Der Handlanger Baxter dealt nicht aus Berechnung, sondern aus Versehen. Bei seinen Chefs ist die Moral eine Farce, bei ihm ist der Diensteifer samt Zahlenfetischismus und Bürojargon, »promotionwise«, bloß komische Pose. So wird er zum traurigen Clown mit Bowler-Hut (»Modell Juniorchef«), den er sich zur Weihnachtsfeier – noch so ein Wilder-Alptraum von der frivolen Gesellschaft – schief auf den Kopf setzt, um Fran aufzuheitern. Aber die hält ihm ihren zerbrochenen Spiegel vor und Baxter begreift, angesichts seines zersplitterten Gesichts.

Zum erstenmal nimmt er das Opfer des Deals und seines (Selbst-)Betrugs wahr. Sein Redefluß erstirbt, seine Grimasse gefriert, der Film selbst steht plötzlich still. Der meisterlich inszenierte Moment der Erkenntnis verwandelt Jack Lemmon vom Angestellten in einen Menschen.

Happy End? Wohl kaum. In Buds gekündigter Wohnung, zwischen Kisten und Kästen, nehmen die beiden Verlierer ihre früher begonnene Partie ›Gin-Rummy‹ noch einmal auf. Hier, an einem ähnlichen Übergangsort wie dem Fahrstuhl, erklärt Jack Lemmon endlich seine Liebe. Aber Shirley MacLaine sagt bloß: »Shut up and deal.« Wenigstens beim Kartenausteilen sind die Liebe und das Dealen vereinbar. Billy Wilder gilt übrigens als miserabler ›Gin-Rummy‹-Spieler.

Days of Wine and Roses

BRIGITTE DESALM

Lemmon meets Edwards, 1962, und dies erste Zusammenspiel gerät den beiden Virtuosen der Komödie zum ernüchternden Trauerspiel. Den Alkoholismus prangert ausgerechnet der Regisseur von THE PARTY und BLIND DATE an, dessen Filme von den spirituellen Flüssigkeiten erst so richtig in Fahrt geraten, und Jack Lemmon ist sein Instrument, in seiner ersten abgründigen Charakterdarstellung. Joe Clay heißt er im Film, ein Allerweltsname für einen Durchschnittstyp, Werbeagent in San Francisco. Seine Barbekanntschaften machen ihn zum Spezialisten für den Partyservice, blonde »Unterhalterinnen« inklusive. Das animierende Kommunikationschaos, das der Alkohol in Gang setzt, der Wirrwarr von Gesten, Gesichtern und Gläsern, die in der rauchgeschwängerten Luft austauschbar werden, damit fängt es an, in einer Bar in der Stadt. Das Piano spielt, alles bekommt eine unmerklich gesteigerte Bedeutung, die Reden werden lauter, die Frauen schöner. Die Kamera betont das rastlos Fluide, das den Raum unablässig der Veränderung unterwirft: DAYS OF WINE AND ROSES. Das Versprechen dieses Titels, von Lust und Schönheit, ist so trügerisch wie ein Phantom im Alkoholrausch.

Joe Clay ist gut in solchen Geschäften, die vom Alkohol geschmiert werden, aber er fühlt sich nicht gut dabei. Lemmons Aufgekratztheit hat etwas leicht Gequältes, sein Grinsen weicht sekundenschnell dem Ausdruck angeödeter Sachlichkeit. Dieser Joe Clay ist von außen wie innen von der Statur eines C.C. Baxter aus THE APARTMENT, ein früher Stadtneurotiker. Wie C.C. ist er konditioniert von den Bedingungen eines Büroalltags, und er leidet unter der moralischen Korrumpierung durch den Job. Joe Clay will kein hochbezahlter Kuppler sein, sondern das Geld auf anständige Weise verdienen. Mit Kirsten (Lee Remick) soll alles anders werden. »Zusammen im Himmel!« ist der Trinkspruch ihrer skandinavischen Eltern, in der Hinsicht tun sie, was sie können. Bis Kirsten die Wohnung in Brand setzt, Joe die Stellung verliert. Sie saufen sich zusammen in die Hölle. Nur ein Zwischenspiel ist ihr Versuch, wieder auf die Beine zu kommen, nüchtern zu bleiben – die kurze Vorspiegelung eines harmlosen Glücks, das es nicht gibt für sie, auf dem Land situiert, bei Kirstens Gärtner-Vater. Der Alkoholismus wird hier durchaus als Symptom der Verkommenheit großstädtischer Existenzbedingungen gedeutet und inszeniert.

DAYS OF WINE AND ROSES wirkt größtenteils wie ein Film auf Entzug: griesgrämiger Blick auf die Dinge, flächiges Raumempfinden und Riesenlöcher in der Zeitwahrnehmung. Das hat auch mit der Herkunft als Fernsehspiel zu tun, dessen Autor J.P. Miller auch für das Script verantwortlich ist mitsamt seiner vulgärpsychologischen Deutung des Alkoholismus. Von Billy Wilders introspektiver Trinkerstudie THE LOST WEEKEND unterscheidet sich Edwards' Film in nahezu allem, in seiner Anlage als Fallstudie eines Alkoholikerpaares und der Ausführung als objektivierender Problemfilm mit Lösungsanweisungen wie aus einer AA-Werbebroschüre. Die Gemeinsamkeit: Beide

DAYS OF WINE AND ROSES: Lee Remick, Jack Lemmon

Filme sind abgestützt auf ihre Protagonisten. Jack Lemmon hat die undankbarere Aufgabe. Das Script konstruiert den Fall zur Opfer-Täter-Geschichte, mit Joe Clay als Täter, der Kirsten zum Alkohol verführte und seine Schuld nur abbüßen, nicht wiedergutmachen kann.

Lemmon zeigt den ganz banalen Alkoholismus vor, als eine Folge wahrgenommener Gelegenheiten. Da ist nichts mehr vom tragischen heroischen Kampf des Charakters mit seiner Heimsuchung, der bei Wilder expressiv ins Dämonische hinein stilisiert wird. Gegen die Schwächen der Erzählung erspielt er der Figur ihre Wahrhaftigkeit auf der physischen Ebene: Lemmon, rückfällig nach einer Zeit der Enthaltsamkeit, wie er eine Scheibe zerbricht, vor sich selbst erschrickt und vom Ladenbesitzer gedemütigt wird; Lemmon, wie er auf der Suche nach Alkohol in kindischer Wut und Verzweiflung ein Gewächshaus zertrümmert und sich am Boden wälzt; schließlich das tobende Tier in der Zwangsjacke, sich windend in den Krämpfen und Agonien des Deliriums.

Wenn er wieder auftaucht aus diesem Alptraum, ist Lemmon verwandelt, alle Manierismen sind von ihm abgefallen. Die schönste Szene des Films ist zugleich die traurigste. Ein schäbiges Motelzimmer, verwüstet von Kirstens Gin-Exzessen. Joe, vom Manager herbeitelefoniert, sieht, daß hier mit Zureden nichts zu machen ist. Im dämmrigen Raum hängt die Verzweiflung wie eine Watteschicht über dem Bett, wo Kirsten jammert, wie allein sie sich fühle. Und Jack Lemmon sieht so ernst aus und gelassen, wie man ihn nie sah. Er nimmt sich ein Glas. Er geht noch einmal zurück zu ihr, in die Hölle. Und die leichten Zärtlichkeiten, die sie austauschen, scheinen die ersten ihrer ganzen Geschichte zu sein.

Irma La Douce

THEO MATTHIES

Nach THE APARTMENT und SOME LIKE IT HOT ist dies die dritte gemeinsame Arbeit von Billy Wilder und Jack Lemmon. In beiden Filmen spielt Lemmon Charaktere, die gegen äußere Ereignisse ihre eigentliche Persönlichkeit sich erst erkämpfen müssen: in THE APARTMENT mit eher dramatischen Untertönen und in SOME LIKE IT HOT mit eher komödiantischen. IRMA LA DOUCE folgt in dieser Reihe eher den ausgelassen-komischen Seiten Jack Lemmons und wirkt zugleich noch etwas überdrehter und unwirklicher.

Lemmon ist der Gendarm Nestor Patou. Nachdem wir mit der in sich geschlossenen kleinen Welt des Paris der Großmärkte und der Rue Casanova mit ihren leiblichen und frivolen Genüssen, dem »Leben und Lebenlassen« der Bewohner vertraut gemacht wurden, dringt dort der aufrechte, ehrliche Polizist ein. Seinen ›matraque‹, den Polizeiknüppel, schwingend, schlendert er durch die Straßen und begeht seinen ersten Fauxpas: Er bezahlt für einen Apfel, den er sich im Vorbeigehen von einem Marktstand genommen hat. Schon sein erstes Sich-Vertrautmachen – tatsächlich ist es eher ein Eindringen – mit der für ihn neuen Umgebung stößt bei den Bewohnern (und auch beim Zuschauer) auf Befremden. Da ist es kein Wunder, daß er auch Shirley MacLaine nicht als Hure erkennt und sie statt dessen darauf hinweist, ihren Hund nicht in dieser Gegend spazieren zu führen, weil es hier nur so von »Straßenmädchen« wimmele: »Kein Zweifel, so etwas sehe ich auf den ersten Blick.« Seine Erkenntnis wird durch den Kneipier »Moustache« (Lou Jacobi) gefördert. Der fungiert nicht nur als Aufklärer. Schonungslos begleitet und analysiert er Patous Handlungen und erkennt als erster die bei ihm zunächst vorherrschende moralische Grundhaltung: »So spricht doch nur ein dummer kleiner Spießer.« Als Patou die Kneipe verläßt, geschieht dies mit einem Gehabe, das sich in seinem Polizeiknüppel manifestiert, nur bleibt es diesmal eine offensichtlich hohle Geste – den Knüppel hat er an der Theke vergessen. Um anschließend die Mädchen mit ihren Kunden aus dem Hotel Casanova zu treiben, benutzt er nun den Knüppel um so gezielter: Erst schlägt er die Scheibe des Feuermelders ein, anschließend schüchtert er den Concierge damit ein. Jack Lemmons Gendarm ist hier ganz der überzeugte Spießer (oder: der überzeugend gespielte?), der die Konventionen, die Regeln dieser Gesellschaft verletzt und sie zu verändern sucht. Natürlich ohne Erfolg. Konsequenterweise führt dies zum Rausschmiß aus dem Polizeidienst: »Aufsässigkeit gegen den Vorgesetzten, Schlamperei an der Uniform, erwiesene Bestechung.«

Jetzt beginnen Lemmons Verwandlungen – zunächst unfreiwillig, indem er den bisherigen »Beschützer« Irmas mittels Lampe und Billardkugel außer Gefecht setzt und dessen Stellung einnimmt. Im Grunde versucht er stets, seine Integrität zu wahren, bleibt den eigenen moralischen Vorstellungen treu, fügt nur neue Erfahrungen hinzu. Dazu bedient er sich vielfältiger Verände-

IRMA LA DOUCE: Jack Lemmon, Shirley MacLaine

rungen, die ihn manchmal dann doch an den Rand der Selbstaufgabe zwingen. Sein Zuhälter-
dasein steht jedem Geschäftssinn dieses Gewerbes entgegen, da er versucht, Irma von den Kunden fernzuhalten. Statt dessen verfällt er auf die irrsinnige Idee, selbst als vermögender Kunde
aufzutreten, dessen Gelüste sich allerdings auf nichtsexuelle Handlungen beschränken. Da nun
der geheimnisvolle Lord X ihm zum Konkurrenten reift, er also auf sich selbst eifersüchtig ist, muß
er ihn beseitigen. Das wiederum führt zu seiner Verhaftung als »Mörder«, der er tatsächlich nicht
ist. Der Polizei entkommt er in der Verkleidung des Polizisten und läßt erneut Lord X auferstehen,
um seine Unschuld zu beweisen, bevor ihm am Ende alles offensteht. Seine Ehrlichkeit, seine
moralische Integrität werden wiederhergestellt, und mit größerem Erfolg, als er es sich vorgestellt
hat: Er wird wieder in den Polizeidienst aufgenommen, heiratet die Frau, die er liebt und wird auch
noch Vater. Das ist fast ein bißchen zu viel für einen wie Jack Lemmon.

How to Murder Your Wife

ROLF AURICH

Wie seine Frau umbringen? Um diese Frage kreist Richard Quines Film nach einem Drehbuch von George Axelrod (THE SEVEN YEAR ITCH; THE MANCHURIAN CANDIDATE) nicht wirklich. Denn der erfolgreiche Comic-Zeichner Stanley Ford (den *nice guy* Lemmon verkörpert), einstmals ein eingefleischter, smarter Junggeselle, jetzt frisch verheiratet, phantasiert nur, wenn er sich im wahrsten Sinne ausmalt, wie sein Serienheld, der Geheimagent »Bash Brannigan«, eine Frau beseitigen würde. Da Stan authentische Comics produziert, inszeniert er die Geschichten zuvor und läßt sie von seinem Butler Charles (Terry-Thomas) fotografieren. Um der Echtheit willen flieht er also eines Nachts mit einer lebensgroßen Puppe, die seiner Frau ähnelt, übers Dach und läßt sie in einen Beton-Bottich rutschen. Kurz darauf erscheint die entsprechende Folge von »Bash Brannigan« – aber die wirkliche Mrs. Ford (Virna Lisi) ist inzwischen ebenfalls verschwunden. Auf Stan wartet ein Prozeß wegen Mordes, dem es jedoch am wichtigsten ermangelt – einer Leiche. Mrs. Ford nämlich ist keineswegs tot, sondern nur tief gekränkt. Eines Morgens hatte sie den übermüdeten und auf seinem Zeichenbrett eingeschlafenen (oder sich schlafend stellenden?) Stan gefunden, unter sich den frisch gezeichneten, ›verräterischen‹ Comic: Diese Nachricht hatte sie verstanden – der Jungverheiratete liebte sie offenbar schon nicht mehr. Erst als sie ihn verläßt, trauert er ihr nach. Da aber hat die Öffentlichkeit bereits eine ganz andere Meinung von ihm, von der er sich vor Gericht erst langwierig befreien muß. – Man kann all dies so genau nacherzählen, weil die Überraschung und der Reiz dieses Films anderswo liegen als in seiner Story.

Man muß wissen, daß Stan und seine Frau (Virna Lisi trägt keinen Namen außer »Mrs. Ford«) binnen einer Nacht Eheleute geworden sind. Während der feierlich-traurigen Verabschiedung eines Junggesellen in die Ehe entsteigt sie der berühmten Torte, die bei solcher Gelegenheit gern in den Saal gerollt wird: Der Blick der sehr schönen, sehr erotischen, sehr blonden Italienerin trifft die Augen des sehr kindischen, sehr betrunkenen, sehr blassen Playboys. Am nächsten Morgen haben beide Eheringe an den Händen. Die Frage für ihn ist: Wie werde ich diese Frau wieder los? Für sie lautet die Frage: Wie mache ich aus diesem verlotterten Jungen einen Mann?

Beide meinen es ernst, ihre Interessen aber stehen sich unvereinbar gegenüber. Stan geht zum befreundeten Anwalt Harold (Eddie Mayehoff) und verlangt die Scheidung. Doch so einfach ist das nicht. Er muß reden, reden, reden, und Harold bietet ihm dafür ein Schild, an dem er sich gründlich abarbeitet. Lemmons entzückende Manierismen, vor allem sein verzogenes Gesicht, sind hier lediglich Reaktionen auf die vorangehenden Überdrehtheiten Mayehoffs (auch er ein überaus komischer Schauspieler). Zunächst aber obsiegt die Liebe der Ehefrau: Stan, bislang ein Fitness-Fanatiker ohnegleichen, wird in italienischer Manier so intensiv bekocht, daß sein Körper schon bald aufgeht wie ein Pizzateig. Lemmon verleiht Stans Niederlage gegen die Zuneigung sei-

ner Frau gerade durch eine bewußt ›kunstlose‹, zurückhaltende Darstellung Glaubwürdigkeit. Deshalb auch wirkt seine neuerliche Wende so normal: das Gefühl, mit der Ehe sei es nun genug. Und: die Idee des inszenierten Verschwindens der Frau.

Den bewegenden Moment ihrer Erkenntnis inszeniert Quine so zärtlich wie brutal. Während Stan eingeschlafen scheint, entdeckt seine Frau zunächst ihn, dann die Zeichnungen. Innerlich weint sie vor Enttäuschung. Den männlichen Körper aber berührt sie auch jetzt noch ganz kurz, ist zärtlich in einem schlimmen Augenblick. »Die Schönheit einer Geste sollte man in seinen Filmen spüren«, hat Fritz Göttler über Richard Quine geschrieben, und: er habe gearbeitet »mit unsäglichem Gespür für jene wahnwitzig kurzen Momente, da Lust und Schmerz zusammenfallen«. Ihren Ring, den legt sie neben ihm ab. Ihren Lackmantel, unter dem sie früher nur einen Badeanzug trug, den zieht sie über. Nur Stan, der hat solch edle Gesinnung nicht verdient. Erst recht nicht, daß sie am Ende auf ihn so wartet, wie er es stets imaginiert hat. Einige sehr schöne, sehr leichte, sehr passende Töne erklingen, als sie die Tür verläßt. Virna Lisi ist der Star dieses Films. Daran läßt Quine keinen Zweifel.

The Odd Couple

HANS SCHIFFERLE

Felix ist unglücklich. Er ist ein Pedant, Asthmatiker und Rheumatiker. Und jetzt ist er auch noch zum verlassenen Ehemann geworden. Nach zwölfjähriger Ehe will sich nämlich seine Frau von ihm scheiden lassen. Die Titelsequenz zeigt, wie er niedergeschlagen durch das nächtliche New York driftet. Diese Passage, in der kein einziges Wort fällt, ist purer Pop-Kafka: Felix gelingt einfach nichts in dieser desperaten Nacht. Als er ein Go-Go-Girl anblinzelt, verrenkt er sich den Hals. Beim Versuch, aus dem Fenster eines billigen Hotels zu springen, fängt er sich einen Hexenschuß ein. Felix, das ist Jack Lemmon, Mr. Neurosis höchstpersönlich.

Oscar nimmt das Leben, wie es ist. Er ist ein Lakoniker, Sardoniker und Zyniker. Seit einiger Zeit schon ist er geschieden, fast immer pleite und furchtbar schlampig. Er ernährt sich in der Hauptsache von Kartoffelchips. Und am wohlsten fühlt er sich beim wöchentlichen Poker-Abend, zu dem neben vier außergewöhnlichen Durchschnittstypen normalerweise auch sein Freund Felix erscheint. Oscar, das ist Walter Matthau: Das Chaos ist ihm ins verknitterte Gesicht geschrieben. Oscar läßt Felix bei sich wohnen, weil er sich ernsthaft Sorgen macht um den selbstmordgefährdeten Freund. Doch bald schon wird er wünschen, daß Felix tot sei. Denn zwischen den beiden, die sich immer öfter mit den Vornamen ihrer Ehemaligen anreden, entsteht ein gewaltiger »Ehekrach«. Der kochende, einkaufende, staubsaugende Felix treibt Oscar mit Sprüchen wie »Gläser ohne Untersatz hinterlassen Ränder« zum Wahnsinn. Die zwei sind in kurzer Zeit zu Männern am Rande des Nervenzusammenbruchs geworden. Ohne im Film die Ex-Frauen je zu Gesicht zu bekommen, versteht man, warum sie ihre Männer verlassen haben.

Schauplatz der Auseinandersetzung ist Oscars 8-Zimmer-Wohnung am Riverside Drive in Manhattan, ein Appartement ganz und gar im East Coast-Stil. Wie Gene Saks und seine Art Directors die Atmosphäre einfangen, ist famos. Da schlägt das Kino das Theater. In Oscars Chaos-Tagen ist die Wohnung ein Junggesellen-(Alp-)traum: umgekippte Flaschen und zerknitterte Zeitungen soweit das Auge reicht. Das Bier, den Whisky und den Rauch glaubt man tatsächlich zu riechen. Nach Felix' Einzug gleicht das Appartement einer Musterwohnung. Bisweilen meint man, den Geruch von Desinfektionsmitteln in der Nase zu verspüren.

»Jungs, zu diesem Tanz müßt ihr ohne mich gehen«, soll Billy Wilder zu Lemmon und Matthau gesagt haben. Wilder, der Interesse an dem Projekt hatte, wurde von der Paramount nicht engagiert. Lemmon und Matthau und die Dialoge von Neil Simon, der auch das Drehbuch nach seinem Broadway-Hit verfaßte, sollten genügen. Matthau hatte bereits auf der Bühne mit großem Erfolg den Oscar gegeben, neben Art Carney als Felix. Nach dem Film gab es noch eine TV-Serie mit Jack Klugman und Tony Randall als seltsames Paar. Recht altmodisch muß Saks' Film 1968 gewirkt haben, wobei die Regie bei aller Routine nicht ohne Flair ist. Aus heutiger Sicht erscheint

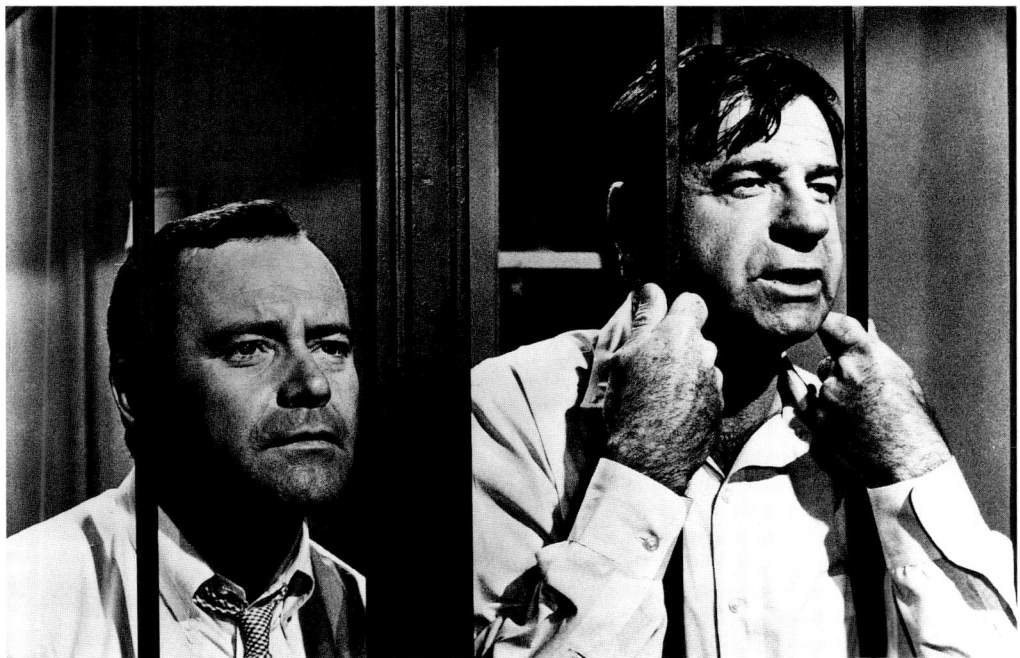

THE ODD COUPLE: Jack Lemmon, Walter Matthau

der Film vielleicht gerade deswegen transparent, ohne zeitgenössischen Schnickschnack. Man ist herausgefordert, den Film ins Camerodo-Bild Hollywoods einzuordnen. Das »odd couple« dürfte irgendwo zwischen Rock Hudson/Doris Day und BUTCH CASSIDY AND THE SUNDANCE KID liegen, der ein Jahr nach Saks' Film entstand. Man müßte auch den homoerotischen Subtext genauer betrachten. Etwa wenn Lemmon und Matthau zum erstenmal miteinander ausgehen und nur Spiele mit immer kleiner werdenden Bällen spielen: Bowling, Billard, Flipper. Lemmon variiert natürlich auch seine Rolle aus Wilders SOME LIKE IT HOT. Sein Auftritt mit der weißen Schürze ist *drag* als Hausmannskost. Man könnte all seine Neurosen gar als Ausdruck unterdrückter Homosexualität interpretieren.

Neil Simon kokettiert mit diesen Anspielungen. Seine gnadenlose Dialogmaschine produziert eine Mischung aus Süffigkeit und Grausamkeit. Simon weiß, daß die komischsten Situationen auf unangenehmen und schmerzlichen Momenten beruhen. Da muß Lemmon einmal zwei Schwestern unterhalten, die Matthau mit einigen Absichten eingeladen hat. Und er weiß einfach nicht, was er mit ihnen reden soll. Immer wieder ruft er nach Matthau, der mit den Drinks beschäftigt ist. In seiner Verzweiflung macht er alles falsch, einerseits: Er jammert den zwei ältlichen Mädchen von seiner gescheiterten Ehe vor. Und so macht er andererseits alles richtig: Indem er Gefühle und Tränen zeigt, nimmt er die Frauen für sich ein, als neuer, empfindsamer Mann. Doris Dörries Film MÄNNER kann man übrigens durchaus als Remake von THE ODD COUPLE sehen.

The Out-of-Towners

ROLF AURICH

Neurotically Yours: Seine Frau Gwen mache sich Sorgen – das ist ein geflügeltes Wort von George Kellerman (Lemmon). Sie sorge sich aber gar nicht, antwortet Gwen (Sandy Dennis) ein ums andere Mal. George aber nimmt das nicht wahr, wie er überhaupt starke autistische Züge trägt (später im Film hört er einige Zeit erst gar nichts, dann nur jedes zweite Wort). Wenn sie vorschlägt, sie sollten vorsorglich im Flugzeug etwas essen oder wenigstens eine Tasse Kaffee trinken, lehnt er kategorisch ab, mit dem Hinweis, am Abend würde um 8.30 Uhr ein Diner im Waldorf Astoria auf sie warten. Diese und viele andere Sturheiten werden Folgen haben. George hat eine perfekte Tagesplanung, die er noch während der Warteschlange über New York stolz verliest, ausgetüftelt bis zu einer Nacht im parfümgeschwängerten Schlafzimmer mit dem allerfeurigsten Liebhaber – ihm.

Arthur Hillers THE OUT-OF-TOWNERS (nach einer Geschichte von Neil Simon) sieht Jack Lemmon in der bekannten Rolle als Plaudertasche. Gegen seinen George Kellerman hat sich alles verschworen, also muß er all seine verbalen Kräfte mobilisieren. Dabei fliegt er mit Gwen lediglich von Twin Oaks, Ohio, nach New York, um dort »eine Art« Bewerbungsgespräch zu führen, das allerdings »überhaupt kein Problem« sei. Der Weg dorthin ist aber mit Schwierigkeiten gepflastert: Flugzeuge, die nicht landen dürfen, Züge, die den beiden vor der Nase wegfahren, streikende Busfahrer, Regen, der sie durchnäßt, Hotelzimmer, die vergeben sind. Und überall arbeiten Menschen, denen George nicht nur grundsätzlich mißtraut, sondern solche, deren Namen er drohend notiert, um später, wenn dieser Schlamassel vorüber ist, mit Gerichtsklagen auf sie zurückzukommen. George erledigt seine Angelegenheiten redend, und das fast ohne Unterlaß. Ihm sitzt permanent die Angst im Nacken, in der Großstadt belächelt zu werden: »Ich bin vielleicht nur ein unbedeutender regentriefender Provinzler, aber diesmal, Freunde, habt ihr euch gründlich verkalkuliert.«

Es ist typisch, daß bei Hiller die Männer viel reden. Mit der Sprache haben sie ein Mittel, Frauen zu dominieren. So weist George etwa, tief in der Nacht bei strömendem Regen am New Yorker Bahnhof angekommen, im Brustton der Überzeugung den Fußweg zum Hotel. Nach einigen Häuserblocks bemerkt Gwen durch scheinbar naives Nachfragen und ganz lapidar, jetzt seien sie ja wohl doch in die falsche Richtung gegangen. Die ganze Komik der kleinen Szene liegt in Lemmons Gesicht, das seine Reaktion auf Gwens Überlegenheit trägt: Die dünnen Lippen zusammengepreßt, Augen ohne Wimpernschlag, den Kopf leicht schief gelegt, um ihn dabei kaum merklich, doch entscheidend nach den Seiten zu wiegen, bevor er nach vorne schießt – so dementiert dieser schon völlig begossene Pudel unter einem Straßenschild auch noch den geringsten Anflug von Souveränität.

Die Mimik seines aufgeräumten Gesichts liebt Pointen. Doch die Mimik Lemmons kann auch erzählen – so in jener langen Einstellung, wenn Gwen und George am frühen Morgen aus dem Central Park, wo sie genächtigt haben, aufbrechen wollen. Andrew Laszlos Kamera erfaßt präzis die für diesen Moment zwischen beiden herrschende Beziehung. Es scheint der Augenblick gekommen, da die gewohnte Dominanz des Mannes kippen könnte, denn noch nie hat die Frau so deutlich gemacht, daß sie zu Diskussionen nicht länger bereit sei. Zwischen Gwen, ganz hinten im Raum, und George, dessen Gesichts-Großaufnahme (eine der ganz seltenen bei Hiller) die linke Bildhälfte beinahe ausfüllt, sind Spannungen zu spüren. Während sie zunächst kategorisch wird, bald aber schon wieder sich entschuldigt, arbeiten Georges Gesichtsmuskeln unablässig – doch seine mimischen Unmutsbekundungen, die Gwen gar nicht sieht (aber wir), changieren, scheinen in Sekundenschnelle von etwas anderem zu berichten. Genau, beim Kauen der letzten Cracker-Krümel ist George das Stück eines Vorderzahns herausgebrochen. Jetzt also könne er noch nicht einmal mehr lächeln, jammert er, aber den Job bekäme er doch niemals ohne sein Lächeln. Erst recht nicht, wenn es durch die Zahnlücke permanent pfeift und zischt. Irrtum! Er sei angenommen, erzählt er am Ende. Sie habe das Gegenteil erhofft, entgegnet Gwen. Und begründet das mit ihrer gemeinsamen Geschichte der vergangenen Stunden. George hört gerührt, aufmerksam zu. Verliebt könnte man sagen. »Komisch. Genau das habe ich gesagt. Wort für Wort.« *Gorgeous George!*

Kotch

FRANK ARNOLD

»Opa kann's nicht lassen« hieß der Film in Deutschland, das gibt ihm etwas Zweideutiges, was aber durchaus Sinn macht.

Was Joseph P. Kotcher, genannt Kotch (Walter Matthau), ein 72jähriger Witwer, nicht lassen kann, ist zunächst einmal das Reden. Kaum ist sein eigener Enkelsohn mit den Eltern weggefahren, redet er auf der Straße auf einen wildfremden Mann ein, der sein Baby im Kinderwagen vor sich herschiebt. Gerade wenn es um das Wohl seines Enkels geht, ist Kotch von auffallender Fürsorge – ein Musterbürger, jederzeit bereit, Verantwortung zu übernehmen. Und wenn man keine Aufgabe für ihn hat, dann schafft er sich eine.

Doch sein Sohn und dessen Ehefrau wissen das nicht zu würdigen – sie versuchen sogar, Kotch in ein Pflegeheim abzuschieben. Aber natürlich ist Kotch gewieft genug, das zu verhindern. Er gehört zu jenen patenten Alten wie die Protagonisten aus HAROLD AND MAUDE (Hal Ashby, 1971) oder HARRY AND TONTO (Paul Mazursky, 1974), die Hollywood Anfang der siebziger Jahre als durchaus kassenträchtige Identifikationsfiguren entdeckte. Die satirisch zugespitzte Szene im Seniorenheim ist eines der Glanzlichter des Films, wenn der ölige Leiter von »Verträglichkeitsprofil« und »Erholungsstruktur« salbadert und Kotch die emotionslose Psychologin, die seine knappen Antworten beim Rorschachtest in ihrer Akte mit »phantasielos?« kommentiert, auflaufen läßt, indem er beim nächsten Klecksbild trocken antwortet: »Ein unerfahrenes Spermatozon, ungefähr 15 Jahre alt, das nach dem Weg zur nächsten Tuba Uterina fragt.«

Als Kotch einmal einen ganz nahen Blick auf die nackten Beine des Babysitters Erica (Deborah Winters) erhascht, denkt der Zuschauer vielleicht für einen kurzen Moment, hinter der Liebenswürdigkeit des alten Herren würden sich noch düstere Seiten verbergen. Doch das ist ebenso eine bewußte Finte wie jene Szene im Park, als Kotch, auf seinen Enkel achtgebend, einem fremden Kleinkind zu Hilfe kommt und prompt von empörten Müttern für einen Sittenstrolch gehalten wird. Nachdem damit auch gleich die schmutzige Phantasie des Zuschauers bloßgestellt wurde, herrscht kein Zweifel an dem wahrhaft unschuldigen Charakter der Beziehung Kotchs zu dem Babysitter, die den Kern der zweiten Hälfte des Films ausmacht.

Zuerst hat Kotch das Gefühl, an Erica einiges wiedergutmachen zu müssen, hat sie doch ihren Job verloren, nachdem Kotch Sohn und Schwiegertochter davon unterrichtet hat, daß sie als Babysitter in jener Nacht eher ihren Freund betreute, der sie auf dem Fußboden des Wohnzimmers bedrängte. Daß dies nicht ohne Folgen blieb und Erica nun Nachwuchs erwartet, rührt an Kotchs Verantwortungsbewußtsein: Zunächst hilft er ihr nur mit einem kleinen Darlehen, später schafft er ihr eine Bleibe und erweist sich zu guter Letzt auch noch als versierter Geburtshelfer, als das Baby überraschenderweise auf der Toilette einer Autowerkstatt das Licht der Welt erblickt.

KOTCH: Felicia Farr, Jack Lemmon (Dreharbeiten)

Kotch hat die Unabhängigkeit kennengelernt (ohne seine selbstgewählte Verantwortung je in Frage zu stellen) und wird sie sich bewahren. In der letzten Szene lädt ihn ein Bekannter zu einem Kneipenbesuch ein. Diesmal ist es Kotch, der die Aufmerksamkeit und Zuneigung eines anderen erfährt.

Der behutsam-gemächliche Rhythmus des Films wird nur gelegentlich durch satirische Zuspitzungen, betonte Großaufnahmen und lakonische Ellipsen aufgebrochen. Jack Lemmon kann sich bei seinem bislang einzigen Ausflug hinter die Kamera vorrangig auf seinen Freund Walter Matthau (mit dem er zuvor in zwei Filmen und danach in fünf weiteren ein erfolgreiches Gespann abgab) in der Titelrolle verlassen. Eine *family affair:* Neben Matthau spielt Lemmons Ehefrau Felicia Farr die Schwiegertochter, in einer Nebenrolle ist Matthaus Stieftochter Lucy Saroyan zu sehen, und produziert wurde der Film von Richard Carter, Lemmons ehemaligem Presseagenten, mit dem ihn ebenso eine langjährige Freundschaft verband wie mit Walter Matthau. Und Lemmon selbst tauchte am Set, wie einige Arbeitsfotos zeigen, mit Billy Wilder-Hut und -Zigarre auf.

Save the Tiger

FRANK ARNOLD

Harry Stoner ist ein gemachter Mann. Der Kleiderfabrikant besitzt eine Villa, fährt ein teures Auto, hat ein Dienstmädchen, und seine Tochter besucht ein Internat in der Schweiz; sein Maßanzug fällt auf.

Bevor man all dies erfahren hat, weiß man schon, daß es Harry Stoner gar nicht gut geht. Wenn der Wecker ihn am Morgen aus seinen Alpträumen schreckt, dauert es eine Zeitlang, bis die Kamera enthüllt, daß neben ihm noch seine Frau im Bett liegt. Und anschließend vermeidet sie es, die beiden zusammen im Bild zu zeigen. Es bedürfte nicht mehr eines Wortwechsels, dem Zuschauer deutlich zu machen, daß es um ihre Ehe nicht zum besten bestellt ist.

Vor den Problemen der Gegenwart flüchtet Harry Stoner in die Vergangenheit. Die Swingmusik Benny Goodmans und die große Zeit des Baseballs, aber auch der Schrecken des Krieges (Harry war bei der verlustreichen Landung in Anzio 1944 dabei): Sie überlagern immer wieder die Gegenwart.

Die Gegenwart, das sind vor allem die Sorgen um sein Geschäft. Vom Handwerk versteht Harry etwas, so wie er seinen Designer zum Abschluß einer Unterredung – schon im Rausgehen, beiläufig, aber bestimmt – darauf hinweist, daß ein wichtiges Teil an einem Kleidungsstück fehle. Aber das genügt nicht, wenn es nicht mehr um den Erfolg, sondern nur noch ums nackte Überleben geht. Am Nachmittag wird die neue Kollektion vorgeführt, und schon wartet im Vorzimmer ein Kunde, der als Dreingabe – wie im letzten Jahr – eine Prostituierte verlangt. Aber auch mit solchen Zugaben ist das Geschäft nicht zu retten, Harry sagt es seinem Partner offen ins Gesicht. Der letzte Ausweg: ihr Lagerhaus in Long Beach in Flammen aufgehen lassen, damit die Versicherungssumme ihnen aus dem Gröbsten heraushilft.

Einmal unterschreibt Harry Stoner eine Petition zur Rettung der Tiger, einer aussterbenden Spezies wie er selbst. Aber Harry ist nicht der letzte amerikanische Idealist, seine Erinnerung an die Unschuld der Vierziger nur ein Wunschbild. Wenn er die Herzattacke, die der Kunde beim Sex mit zwei Prostituierten erleidet, kaltschnäuzig als »Betriebsunfall« charakterisiert, dann zeigt der Film auch die tiefen Abgründe dieser Figur, »Opfer und Schuldiger zugleich« (Lothar Lambert).

Harry Stoner wird nicht ausbrechen wie C.C. Baxter in THE APARTMENT oder Wendell Armbruster, Jr. in AVANTI!, auch wenn er am Abend die Offerte eines Hippiemädchens annimmt, die ihm am Morgen nur ein amüsiertes Lächeln entlockte. Am nächsten Morgen ist er bereit, zurückzukehren »in den Zoo«, wie er selber sagt. Aber auch dort gibt es keinen Artenschutz für ihn. Den Schlachtenlärm von Anzio hat er erneut im Ohr, als er an diesem Morgen am Strand steht und auf das Meer hinausblickt. Und auch mit dem Plan der Brandstiftung wird er weitermachen, die Chance

SAVE THE TIGER

zur Umkehr, die ihm der dafür angeheuerte Spezialist eröffnet, schlägt er aus – 24 Stunden im Leben eines Mannes, die über eine Zukunft entscheiden, die er nicht mehr hat.

Die Nacht mit dem Hippiemädchen im Strandhaus, wo Harry unter dem Einfluß von Marihuana die große Reise in die Vergangenheit antritt und ihn Tränen überkommen, hat für einen Moment etwas Befreiendes, wie sein Baseballwurf im Park, der hoch über die Abzäunung hinausgeht. »Ich wollte es euch einmal beweisen«, erklärt er den ballspielenden Kids. Ein Triumph? Nicht in Wirklichkeit, denn diese Schlußszene knüpft an jenen kurzen Filmausschnitt an, den Harry im Hotel auf dem Bildschirm sah: Bogarts Gang in den Park nach den Jahren im Gefängnis am Anfang von Raoul Walshs HIGH SIERRA (1941). Und wir wissen, wie dieser Film endet.

Für den Darsteller des Harry Stoner dagegen ging diese Geschichte anders aus. Ihn spielte Jack Lemmon für die gewerkschaftliche Mindestgage von 165 Dollar wöchentlich: Sein erster dramatischer Film seit DAYS OF WINE AND ROSES verhalf ihm zu seinem zweiten »Oscar« – gegen so starke Konkurrenten wie Marlon Brando (LAST TANGO IN PARIS), Al Pacino (SERPICO), Jack Nicholson (THE LAST DETAIL) und Robert Redford (THE STING).

The China Syndrome

DANIEL KOTRC

Schon lange vor diesem Film hatte sich Jack Lemmon kritisch mit der Atomtechnologie befaßt und 1978 eine Dokumentation über die Risiken der Atomkraft realisiert. Es muß ihm am Herzen gelegen haben, sein Engagement in einem publikumswirksamen, realitätsnahen Spielfilm fortzusetzen. Von Anfang an aber gab es Hindernisse bei diesem Projekt. Mit Boykottdrohungen und Pressekampagnen versuchte die Atomindustrie, die Realisierung von THE CHINA SYNDROME und dessen Erfolg zu verhindern. Zugleich initiierte die Verleihgesellschaft Columbia eine einzigartige Werbekampagne für ihre Produktion. So wurde sie früh zu einem Politikum, erst recht, als sich kurz nach dem Filmstart ein Unfall in dem amerikanischen Atomkraftwerk Three Mile Island bei Harrisburg ereignete, dem im Film vergleichbar, und es fast zu einer Katastrophe gekommen wäre. Die Realität, die THE CHINA SYNDROME herbeizitiert hatte, legte sich nun über den Film und machte ihn gleichsam unsichtbar.

Noch herrscht Ordnung in dem Atomkraftwerk, das von der Journalistin Kimberly Wells (Jane Fonda) und ihrem Kameramann Richard Adams (Michael Douglas) besichtigt wird. Alles geht seinen geordneten Gang, zuvorkommend werden beide durch die Anlagen geführt. Dann eine Erschütterung. Die Instrumente spielen verrückt. Der leitende Ingenieur Jack Godell (Lemmon), ein ehemaliger U-Boot-Kommandant, bewegt sich zwischen seinen Mitarbeitern mit ruhigen, sicheren Bewegungen, die eine rasche Bewältigung des Zwischenfalls versprechen. Ein Mann, ganz im Einklang mit seinen Handlungen. »Ich liebe diese Anlage«, sagt er. »Sie ist mein Leben.«

Generatorenausfall. Turbinenausfall. Spannungsausfall. Die Lage eskaliert. Kurzfristigen Entspannungen folgen neue Hiobsbotschaften. Eine offizielle Untersuchung bringt kein Ergebnis, das Werk geht wieder ans Netz. Doch es hat sich Unsicherheit eingenistet in der Ordnung. Während die Journalisten, alarmiert von den Ereignissen, Nachforschungen anstellen, verändert sich der Ingenieur, den Lemmon spielt. Summend und blinkend sind die technischen Anlagen zu sehen; dagegengeschnitten sein Gesicht. Es hat nichts mehr von seiner früheren Geschäftigkeit und Entschiedenheit, ist nachdenklich, ratlos, fast apathisch. Die Kamera zeigt Lemmon in Nahaufnahmen, isoliert von seinen Mitarbeitern. Seine Blicke gehen ins Leere. Einmal geht er nachts allein durch sein Werk, eine winzige Gestalt inmitten der monströsen Kraftwerksanlagen.

Die Ereignisse überstürzen sich. Jack Godell entdeckt einen Materialfehler, aus einem Leck tritt Radioaktivität aus. Die Katastrophe droht. Er wendet sich an die Journalisten. Seine eigenen Nachforschungen führen ihn auf die Spur eines politischen Verbrechens. Beweismaterial verschwindet. Er wird bedroht, es gibt Verfolgungsjagden und einen Mordanschlag. Jack Godell ist nicht mehr der alte; der Zuschauer erlebt die Stationen der Metamorphose eines Mannes. Die Ereignisse machen aus dem Zweifelnden einen Verzweifelten. Godell rettet sich vor den Verfolgern

THE CHINA SYNDROME: Jack Lemmon, Wilford Brimley

in das Atomkraftwerk, in sein Reich. Dort angekommen, tut er, was er tun muß. Er hat mit allem abgeschlossen. Die Ruhe und die Entschiedenheit sind in sein Gesicht, seinen Körper, seine Bewegungen zurückgekehrt. Er wird eine Entscheidung herbeiführen.

THE CHINA SYNDROME liegt die Wunschvorstellung von einer Politik zugrunde, einzelne Menschen guten Willens und reinen Gewissens könnten zu Helden und mit allen gesellschaftlichen Problemen zum Wohle des Gemeinwesens fertig werden, die Wunschvorstellung, die Wahrheit möge sich über diese einzelnen durchsetzen. Die Journalistin, Jane Fonda, der Kameramann und politische Aktivist, Michael Douglas, und der Kraftwerksingenieur, Jack Lemmon, stehen für diese Hoffnung. Die Geschichte der Kimberly Wells, ihre Emanzipation zu einer ernstzunehmenden Journalistin, die die Wahrheit ans Licht bringt, erzählt von einem Gelingen dieser Vorstellung. Doch die Bilder des verzweifelten, zerrissenen, des sterbenden Jack Godell lassen sich nicht verdrängen. Sie bleiben in Erinnerung und erzählen vom Scheitern.

Tribute

ROLF AURICH

Auch am Broadway, 1978, spielte Jack Lemmon den Scottie Templeton in diesem Stück von Bernard Slade. TRIBUTE, die Adaptation eines Theaterstücks also, in der Lemmon mit der Kraft einer Zentrifuge arbeitet: Wenn er als Scottie losbabbelt, sind die Umstehenden still, wie an die Wand gedrückt, beinahe paralysiert. Seine meist komischen, oft witzigen Tiraden gegen alles und jeden können verletzend wirken. Er ist ein Einzelgänger. Früher war er Drehbuchautor, hat aber das Schreiben gehaßt. Heute ist er Presseagent und hat Krebs. Als er von seiner Krankheit erfährt, da arbeitet Lemmons Gesicht, er atmet heftig aus, doch das ist keine Befreiung. Scottie will nicht ins Krankenhaus.

Das eigentliche Drama aber geht anders: Eines Tages wird Scottie von seiner Ex-Frau (Lee Remick) und dem gemeinsamen Sohn Jud (Robby Benson) besucht. Vater und Sohn haben sich lange nicht gesehen; der Filius möchte demnächst eine Lehrerausbildung beginnen, der Papa jedoch wünscht, daß er länger bleibt als nur eine Woche: der erste Streit nach nur wenigen Minuten, und nicht der letzte. Scottie fordert, Jud müsse aus sich herauskommen, dürfe sich nicht einigeln. Dabei ist er es, der nicht die Wahrheit über sich selbst wissen will. Die ganze Welt ist sein Stichwortgeber. Jud trägt bei bestem Wetter einen festen Mantel – Scottie: »Machst du auf Regen?« Einem Arbeitskollegen gegenüber äußert er sich über diese Beziehung: »Wir führen keine Gespräche, wir haben nur Interviews.« Als sympathisch kann diesen Scottie nur empfinden, wer einen Heidenspaß an respektlosen Figuren entwickelt, die selber nicht einstecken können und deshalb einen immer dicker werdenden Schutzschild tragen müssen. Denn Scottie macht aus dem Verschweigen der Wahrheit etwas sehr Komisches – genaugenommen ist er eine durch und durch tragische Figur. Diesen inneren Widerspruch lebendig zu gestalten, das ist die originäre Leistung Jack Lemmons in diesem Film des PORKY'S-Regisseurs Bob Clark, der ein wenig Neil Simon-Atmosphäre atmet und wohl nicht zuletzt deshalb vom Kritiker der »Times« als »Talk Show« bezeichnet wurde.

Nach langem Hin und Her bringt Jud seinen Vater dazu, den Krebs behandeln zu lassen. Der Krankenhausaufenthalt wird weitgehend in *stills* erzählt – bis zu einer Szene, da träumt der Vater und schwitzt, während Jud an seiner Seite sitzt. Diese bewegende, wieder in Bewegung gesetzte Szene wandelt sich in Bilder der Besserung: Scottie lacht, liest, hat Besuch, und vor einem Spiegel probiert er verschiedene Hüte. Er entscheidet sich für ein Modell, wie es Jack Lemmon bei den Dreharbeiten zu KOTCH trug. Ein schöner *inside joke,* und ein schöner Hinweis auf Scotties wiedergewonnene Kraft. Als eine gräßlich ausstaffierte Krankenschwester ihn an seinem Geburtstag zu Hause besucht, um ihre Pflegedienste anzubieten, da will er sie natürlich nicht haben. Plötzlich beginnt sie sich auszuziehen, und es ist klar: Hilary, das Callgirl, eine Freundin Scotties, hat

eine – gelungene? – Überraschung. Sie findet Jack toll, denn: »Du behandelst alle Menschen gleich, ob die Familie, Filmstars oder ein Callgirl.« Er setze absolut keine Prioritäten im Leben. Dabei hört Jud zu und senkt seinen Kopf. Das ist für ihn der fundamentale Fehler an seinem Vater: Als sein Sohn möchte er nicht behandelt werden wie die übrige Welt.

Am Ende gibt es, irgendwo in Manhattan, eine Veranstaltung zu Scotties Ehren. Dieser, immer noch etwas geschwächt, erzählt auf der Bühne die Geschichte von seiner Tante, die manchmal meinte, ein Spiegelei zu sein und deshalb immer eine braune Matte mit sich herumtrug. Das war ihr Toast. – Auch jetzt noch gilt für ihn, niemanden zu nah an sich heranzulassen. »Ich habe nie gewollt, daß irgendeiner mich kennt.« – In diesem Augenblick der ersten Reflexion möchte er mit seinem Sohn reden – hier, in einem größeren Kreis, falle ihm das leichter. Er wünscht Jud (der nicht zu sehen ist) Leidenschaft. Lange habe er überlegt, was er ihm weitergeben könne. Scottie findet kein Schlußwort, und alle bleiben stumm. Jud kommt ihm entgegen, lockert ihn auf. Scottie: »Tut mir leid, ich bin es nicht gewohnt, Stichwortgeber zu sein.« Er bittet ihn auf die Bühne und gibt ihm einen vermeintlichen Wangenkuß, der mit einem routinierten Trick zu einem richtigen wird. Alle sind erleichtert und gerührt. Vater und Sohn verlassen die Bühne, Scottie läßt unmerklich seine Hosen herunter. Kreischen: die Abgangsnummer in diesem Theaterfilm.

Missing

FRANK ARNOLD

Chile im September 1973: Ein Mann verschwindet. Das ist nicht ungewöhnlich, es ist an der Tagesordnung in Zeiten gewaltsamer politischer Umstürze. Aber der Mann meint, »keine Sorge, sie können uns nichts tun, wir sind Amerikaner«. Das denkt auch sein Vater. Als Mitglied der ›Kirche der Christlichen Wissenschaft‹ hat er den Glauben – »an die Wahrheit«. Der jedoch wird im Laufe seiner Suche nach dem verschwundenen Sohn erheblich erschüttert, wenn sich die Aussagen der offiziellen Vertreter seines Landes, seines Amerikas, die hier in Santiago ihren Dienst tun, als bloße Lügen erweisen.

Politthriller sind ein problematisches Genre. Sie wollen aufklären und damit ein breites Publikum erreichen. Dafür sind sie zu vielem bereit. Die Dramatisierung der Wirklichkeit ist ihnen selbstverständlich, Emotion wichtiger als Analyse. Ihr Kalkül läßt jede Nuance zu einem Rädchen im Getriebe werden. Als das amerikanische Außenministerium am 9. Februar 1982 eine dreiseitige Rechtfertigung veröffentlichte, hatte der Film sein Ziel erreicht, denn Vergleichbares war der Buchvorlage vier Jahre zuvor nicht gelungen.

Auch Politthriller bedienen sich der Identifikation des Publikums mit ihren Protagonisten. In MISSING wird das Politdrama ebenso zum *domestic drama;* ein »political odd couple« hat jemand die Beziehung zwischen Vater und Schwiegertochter genannt, anspielend auf den Lemmon-Matthau-Film THE ODD COUPLE. Ihre gemeinsame Suche nach dem Verschwundenen markiert zugleich einen Prozeß der Annäherung zwischen ihnen, der schließlich Stellvertretercharakter bekommt für die nicht mehr mögliche Versöhnung von Vater und Sohn.

Am Anfang hält Ed Horman (Lemmon) seiner Schwiegertochter (Sissy Spacek) »Anti-Establishment-Paranoia« und »schlampigen Idealismus« vor. Das gestörte Verhältnis ist jedoch zuvor schon bei ihrer ersten Begegnung darin zu erkennen, wie Horman auf körperliche Distanz bedacht ist. Wenn er zu ihr spricht, sieht er sie oft nicht an. Entsprechend vollzieht sich die Versöhnung – er akzeptiert ihr Angebot, sich *neben* sie zu setzen. Vorher allerdings mußte Horman ungläubig nachfragen, ob Charles denn wirklich 18 Stunden am Tag gearbeitet habe – für jene Zeitung, die er und seine Freunde in Chile herausgaben. Der politische Charakter dieses Blattes wird dabei heruntergespielt, statt dessen wird betont, daß Charles an einem Zeichentrickfilm für Kinder arbeitete und »Der kleine Prinz« seine Lieblingslektüre war: Ein Radikaler paßt nicht in die Argumentationsweise dieses Films, zu der auch gehört, daß er den Vater als konservativen Gläubigen hinstellt, um dessen Bewußtwerdungsprozeß deutlicher zu machen.

Kein Problem für Jack Lemmon: Obwohl Ed Horman die erste *reale* Figur war, die er verkörpert hat, konnte er darauf bauen, daß Horman kein Prominenter war, bei dem er die eigene Darstellung mit den Vorstellungen des Publikums hätte in Übereinkunft bringen müssen. Er zog es vor,

MISSING: Sissy Spacek, Jack Lemmon

ihn erst am Ende der Dreharbeiten kennenzulernen. »So konnte ich ihn wie eine erfundene Figur behandeln und mußte mich nicht von vornherein einschränken.«

Lemmons Horman ist jemand, der die Kontrolle über seine Lebensumstände verliert, eigentlich die Figur, die Lemmon immer wieder in Komödien dargestellt hat. Neigt er dort jedoch zur Hyperaktivität, schreit sein Unwohlsein aus sich heraus und agiert es in heftigen Gesichts- und Körperbewegungen aus, da ist dies in seinen Dramen verinnerlicht. Die Schultern hat er hochgezogen und das verlegene Rudern mit den Armen ist schon der weitestgehende körperliche Ausdruck. »Kannst du nicht leise sprechen?!« kritisiert er seine Schwiegertochter. Er gerät ins Stottern, und als er im Stadion das Megaphon in der Hand hält, ist er zunächst nicht fähig, einen Ton über die Lippen zu bringen.

Daß Lemmon seine meisten Auszeichnungen als Darsteller für Filme wie diesen erhalten hat, zeigt eines ganz gewiß: Die Lektion von SULLIVAN'S TRAVELS über die Wirkung des Lachens wurde, nicht nur von Hollywood, wieder vergessen und verdrängt.

Maccheroni

DANIEL KOTRC

Auf der Suche nach einem Titel für seinen Film besuchte Ettore Scola das Ehepaar Lemmon und fragte nach einem amerikanischen Schimpfwort für Italiener. Das erste, das sie ihm widerwillig nannten, *wops,* etwa Spaghettifresser, werde, so Jack Lemmons Warnung an den Regisseur, unweigerlich zu Problemen führen. Dann jedoch fiel seiner Frau Felicia ein weniger heikles Schimpfwort für Italiener ein: *noodles.* »So weit ich weiß«, erzählt Lemmon, »wurde so der Titel geboren.«

Ankunft in einer Stadt: Ein Mann verläßt ein Bahnhofsgebäude, eine Taxifahrt, Einchecken im Hotel. Der Mann um die Sechzig trägt einen Anzug, er ist ein erfolgreicher Geschäftsmann auf Dienstreise. Jack Lemmon spielt ihn müde, gestreßt. Er schluckt Pillen. Geschäftliches erledigt er routiniert. Die vorgezeichneten Abläufe hat er verinnerlicht, alles ist ihm selbstverständlich geworden: Konferenzen, Dienstfahrten, ein Fernsehinterview. Fragen nach einer privaten Verbindung zu Neapel weicht er aus.

Vierzig Jahre zuvor, als amerikanischer Soldat, hatte sich dieser Mann, Robert Traven, in eine Italienerin verliebt. Ein Fremder (Marcello Mastroianni), der den Erschöpften nun in seinem Hotelzimmer aufsucht, zeigt ihm eine vergilbte Scharzweißfotografie, auf der sich die Verliebten lachend umarmen. Traven aber erinnert sich nicht daran. Er will sich nicht erinnern. In sein Lachen, so der Fremde, habe sich Maria, seine Schwester, damals verliebt. Ungläubig hört es Traven und zweifelt am Verstand dieses Italieners.

Das Foto aber läßt ihm keine Ruhe. Er, der seine Erinnerungen verdrängt hatte, beginnt nun, seine Termine zu verschieben. Unterwegs in den Straßen Neapels, findet er sich auf einem Kirchhof wieder, der so aussieht, als habe sich nichts verändert seit jenen Tagen, an denen der junge GI mit seiner Geliebten Maria dort spazierengegangen ist. So begegnet Traven seiner Vergangenheit wieder – und mit ihr seiner Jugendliebe. Als er die junge Maria vor sich stehen sieht, küßt er sie stürmisch auf den Mund, als sei die Zeit stehengeblieben. Aber die junge Frau ist Marias Tochter. Als dann Maria selbst kommt, eine Frau in seinem Alter, die sich schön gemacht hat für den besonderen Moment des Wiedersehens, hält Robert Traven inne, nimmt seinen Hut ab, sieht sie lange an und küßt ihre Hand, die sie ihm zur Begrüßung reicht.

Vierzig Jahre lang hatte Marias Bruder Briefe im Namen des Geliebten an sie geschrieben, um die Verlassene zu trösten und um die Erinnerung an das Vergangene in ihr und in sich selbst wachzuhalten; Briefe, in denen Traven zu einem Kriegsberichterstatter, Weltreisenden, Wohltäter und Abenteurer wird, der von seinem aufregenden Leben berichtet. Halb Neapel scheint Bob Traven als diesen amerikanischen Helden zu kennen. Traven aber ist all dieses nicht. Lemmon mit diesem Gespinst aus Phantasien und Angebereien konfrontiert zu sehen, das man über ihn

MACCHERONI: Jack Lemmon, Marcello Mastroianni

zusammengesponnen hat, wie er sich genervt dagegen wehrt, sich dann, halb gerührt, halb resignierend, fügt und das Spiel mitmacht, das gehört zum Hübschesten in diesem hübschen Film. Und das Phantasierte wird unversehens zur Wirklichkeit, als man Traven auf sein legendäres Können als Pianist anspricht. Während Mastroianni aufgeregt versucht, Lemmon vor einer Blamage zu bewahren, geht dieser verschmitzt lächelnd zum Klavier und improvisiert ein Jazzstück: Er kann tatsächlich spielen!

In Erinnerungen schwelgend streifen der Amerikaner und der Italiener durch Neapel, auf den Spuren alter Zeiten. Eine flüchtige Romanze Lemmons mit einer jungen Frau: Momente vergänglichen Glücks, in denen die beiden alten Männer noch einmal jung werden. Nach dem alten, erschöpften, bisweilen verkniffenen Geschäftsmann kann Lemmon nun auch ein Komödiant sein. Kindisch herumalbernd spielt er mimisch und gestisch sein komisches Talent aus.

Doch die Stunden entspannten Glücks sind gezählt. Eine Kriminalhandlung, von der ich mir vorstelle, sie sei in diesem Film, weil die Produzenten etwas Spektakel für ihr Geld sehen wollten, zwingt Traven in eine Konfrontation mit der Mafia: Ein Mann ist verschwunden. Ein Wettlauf mit der Zeit beginnt. Ein Handgemenge. Traven greift ein. So stellen die letzten Ereignisse eine allumfassende Versöhnung her und zwängen Jack Lemmon in eine Idylle.

That's Life

ROLF AURICH

Man lebt in Kalifornien, dort, wo die Sonne besonders kräftig scheint, man lebt im Licht und in der Wärme. Ob aber die Fairchilds das Zirpen der Grillen auf ihrem riesigen Grundbesitz überhaupt noch hören? Das Leben von Gillian und Harvey (Julie Andrews und Lemmon) befindet sich nämlich an einem Tiefpunkt, beide sind, jeder für sich, verzweifelt. Lemmon, bepackt mit Tasche und Architekten-Plänen, kommt nach Hause und gerät in eine Armada von Rasensprenklern, die wie auf Kommando loslegen und ihn zwingen, dem Wasser ein ums andere Mal auszuweichen, was nicht endlos durchzuhalten ist, ohne naß zu werden. Slapstick.

Dann sitzt er am Klavier. Er hatte einen miesen Tag und braucht nach geschmacklosen Kunden, Autopanne und einer Mitfahrgelegenheit, die ihm optisch und akustisch zugesetzt hat, seine Ruhe am Instrument, das er so liebt. Als Julie Andrews den Raum betritt, ist die Frage, ob sie ihm von ihren Ängsten erzählen wird: Über das Wochenende, so ihr Arzt, werde sich herausstellen, ob die Gewebeprobe auf Krebs hindeutet. Doch sie sagt nichts. Er hingegen schwadroniert, liefert einen vollblütigen Vortrag über alles, was er erleiden muß im Leben. Der Film stellt Jack Lemmon in sein Zentrum und rückt Julie Andrews, die Ehefrau des Regisseurs, an die Peripherie. Blake Edwards, zu dieser Zeit 63 Jahre alt, drei Jahre älter als Lemmon, mit dem er seit DAYS OF WINE AND ROSES befreundet ist, nennt seinen Film THAT'S LIFE. Ein von den Produktionskosten her billiger, doch um so eleganterer Familien-Film um Krankheit, Krisen und Verklemmungen, in dem nicht nur der Lemmon- und der Edwards-Clan mitmischen, sondern an dem auch des Regisseurs Psychiater mitgeschrieben hat.

Lemmonism: Seine Hände fuchteln wild in der Luft, die Arme schießen immer wieder wie unkontrolliert nach vorne. Selbst beim Essen in einem Restaurant schlägt er mit der einen Hand in die andere und fährt mit der Gabel durch den Raum. Auch arbeitet er gern mit Geräuschen, die sich vielleicht ein wenig unanständig anhören, doch nicht mehr sind als wohlgesetzte Ausrufezeichen seiner Rede.

Sein Arzt meint, er sei in großartiger Verfassung, nur Harvey sieht das anders. Er fühlt sich kurz vor seinem 60. Geburtstag mehr als mies – leidet unter hypochondrischen Anfällen und Impotenzängsten. Alles tut ihm weh, doch keiner nimmt ihn ernst: Er müsse sich vor allem rasieren, sagen ihm seine Frau, sein Arzt und eine Klientin, die ihn verführt. Anschließend geht er beichten und muß feststellen, daß der Pfarrer ein guter Bekannter ist. In der Nacht schleicht er sich auf den Fahrrad-Trainer und schwitzt seine Verfehlung aus. Dann legt er sich in die Arme seiner Frau.

Von der Wahrsagerin Madame Carrie (gespielt von Lemmons Ehefrau Felicia Farr) läßt sich Harvey nicht nur in den Händen, an den Ohren und Füßen die Zukunft lesen. Anschließend, in der Kirche, kann er seinen Körper kaum stillhalten. Als neues Gemeindemitglied soll er eine Predigt

THAT'S LIFE: Jack Lemmon, Julie Andrews

lesen. Er wackelt nach vorn, kniet kurz zum Gebet und stellt sich ans Pult. Nun muß er sich ständig kratzen und verrenken. Seine Beuge schmerzt nach dem Besuch bei Madame Carrie höllisch – Filzläuse? Lemmon hat einen Abgang, der nicht mehr aufzuhalten ist – wieder purer Slapstick, den er von der Kanzel in die Sakristei weiterführt, und von dort ins Krankenhaus, wo er unbedingt den Arzt zu sprechen wünscht, während er nervös auf und ab hüpft. Kaum ist der Doktor im Blickfeld, springt er ihn an wie ein kleiner Affe. Lemmon ist damals 60, ein Alter, vor dem Harvey sich fürchtet.

Die Frage liegt nahe, ob all dies bei Lemmon ein Aus-der-Rolle-fallen, ein Aussteigen aus dem Erzählzusammenhang bedeutet. Denn als schnellsprechender Zappelphilipp mit Gummimuskeln im Gesicht ist er nicht nur lange bekannt, man schätzt ihn wegen seiner unzweifelhaft komischen Fähigkeiten sogar besonders. Dabei ist jedesmal die Regie gefordert. Denn obwohl er genaugenommen zwei Rollen bedient (die in der Filmstory und die fürs Publikum), zerstört Lemmon keine der beiden. Sie sind gleichwertig und gehen sogar eine feste Verbindung ein, wenn der Film es aushält. Wie in TRIBUTE lebt Lemmons Figur auch in THAT'S LIFE an den anderen, vor allem den Nächsten, weitgehend vorbei. Das muß ihr klargemacht werden, um endlich Prioritäten zu setzen im Leben. Die Frau demonstriert es bei der groß inszenierten Geburtstagsfeier. Das ist spät, vielleicht zu spät.

Glengarry Glen Ross

MARGARETE VON SCHWARZKOPF

Shelley Levene zählt zu den Verlierern. Er hat keine Zukunft mehr und gehört zur alten Garde einer Gruppe von Immobilienmaklern, die aber nicht geehrt, sondern verachtet und irgendwann demnächst gefeuert wird. Denn die Spielregeln, die einst im Immobiliengeschäft galten und nach denen Levene seine Karriere ausrichten konnte, gibt es nicht mehr. All das wird ihm spätestens an jenem Gewitterabend bewußt, als Blake in der Firma auftaucht. Der, jung, dynamisch, arrogant und gänzlich skrupellos, soll der kleinen Gruppe von Maklern in dem schäbigen Büro einheizen. Die Männer arbeiten auf Provisionsbasis, und das bedeutet, daß sie weder Feierabend noch Urlaub, weder Freizeit noch Erholung kennen. Sie sind ein bunt gemischter Haufen von Menschen, die alle am Abgrund entlangbalancieren. Die Geschäfte laufen schlecht. Nur der Stärkste wird überleben. Blake ist einer davon. Man sieht es schon an seinen Insignien des Reichtums, an seiner protzigen Armbanduhr zum Beispiel. Aber weder Levene noch der äußerlich hartgesottene Lebenskünstler Ricky, und auch nicht der sensible George und der forsche Dave werden in diesem Dschungel lange überleben, mögen sie sich auch noch so sehr mühen. Und längst sind sie nicht mehr die Freunde und loyalen Kollegen, die sie einst waren. Die unerbittlichen Bedingungen der freien Marktwirtschaft machen aus den einstigen Kumpanen Gegner. Wie wilde Hunde balgen sie sich um jeden Auftrag. Es geht in diesem erbarmungslosen Kampf um die besten Adressen im Immobiliengeschäft, in diesem Fall um Glengarry Glen Ross. Wer diese Adressen bekommt, der braucht keine Angst mehr zu haben. Aber Blake, der Sklaventreiber, sagt es selbst: »Nur die Besten bekommen diese Adressen, die sicheren Gewinn garantieren.«

Der Name Glengarry Glen Ross wird zum Synonym für Erfolge. Die Hoffnung, in den Besitz der begehrten Adressenliste zu gelangen, ähnelt der berühmten Karotte, die man vor die Nase des Esels hängt, damit er rascher läuft. Und die Männer in dem winzigen Büro versuchen mit allen Tricks und Schlichen, diese »Karotte« zu erhaschen. GLENGARRY GLEN ROSS von James Foley nach dem gleichnamigen Theaterstück von David Mamet, der auch das Drehbuch für den Film schrieb, ist ein dicht inszeniertes Kammerspiel, in dem es um die Auflösung menschlicher Werte angesichts drohender materieller Not geht. Daß der Film bei allem Ernst und aller Dramatik auch immer noch einen Hauch von Selbstironie, manchmal von Komik bewahrt, das verdankt er nicht zuletzt Jack Lemmon in der Rolle des Shelley Levene. Diese Figur scheint Lemmon wie auf den Leib geschrieben. Mal ist er tragisch und pathetisch zugleich, mal bricht aus ihm ein letzter Rest von Humor. In manchen Szenen, etwa wenn der verzweifelte Levene sich selbst demütigt, um nur ja an die zum Ziel aller Träume stilisierte Adressenliste zu kommen, scheint der Film nur um Lemmon zu kreisen. Dieser Shelley Levene, der sich am Ende nicht scheut, zum Kriecher, zum Lügner, zum Intriganten und zum Dieb zu werden, um nicht als Verlierer übrigzubleiben, ist si-

GLENGARRY GLEN ROSS

cherlich eine der herausragenden Figuren in Lemmons langer Karriere. Allerdings war Regisseur Foley klug genug, Lemmon Schauspieler beizugeben, die ihm Paroli bieten können: Alec Baldwin als Blake, Ed Harris als Maulheld Dave, Al Pacino als Ricky und nicht zuletzt Alan Arkin als George, der an der Wirklichkeit des Berufsstresses zerbricht.

Daß der Film kein Publikumserfolg in Deutschland wurde, liegt gewiß nicht an den schauspielerischen Leistungen. Auch die Musik, die straffe Regie, das geistvolle, pointierte Drehbuch und die Kameraarbeit tragen dazu bei, daß GLENGARRY GLEN ROSS zu den besten Theaterverfilmungen der vergangenen Jahre gerechnet werden kann. Sie lebt vom Wort, von den Telefongesprächen zum Beispiel, die jeder der Makler in seinem einsamen Kampf um Quoten führt, lebt von den Lügen, den Verstellungen, dem Argwohn und all den unterdrückten Gefühlen, die sich irgendwann Bahn brechen müssen.

Für Jack Lemmon zählt längst nicht mehr, ob ein Film Millionen Dollar einspielt. Mehr als Geld zählt der Anspruch, den er sich selbst mit seinen Rollen stellt und den er erfüllen will. Und hier darf er einmal mehr die Figur eines Underdog verkörpern, der diesmal nicht sein Appartement vermietet, um sich beliebt zu machen, oder an der Seine als einsamer, aber freundlicher Polizist Streife schiebt, sondern seine Seele an den vordergründigen Erfolg, an den Mammon verkauft hat und daran zugrunde geht. Seine Interpretation des scheinbar so unscheinbaren Shelley Levene bleibt dauerhaft in Erinnerung.

Grumpy Old Men

MARGARETE VON SCHWARZKOPF

»Morgen, Sturkopf«, »Hallo, Idiot« – der wahrhaft charmante Anfang eines Dialoges zwischen Walter Matthau und Jack Lemmon in Donald Petries Film GRUMPY OLD MEN. Es ist wieder einmal eine jener grandiosen Grummelkomödien, die Lemmon und seinen alten Kumpel Matthau miteinander verbindet: eine Geschichte von tiefster Haßliebe. Lemmon bekam als erster das Drehbuch für den Film angeboten und sagt, er habe sofort an seinen alten Freund Walter denken müssen: »Nur Walter kam für die Rolle des Max Goldman in Frage. Immerhin küssen und schlagen sich die beiden dermaßen kräftig, daß ich diese Strapaze nicht mit einem anderen Schauspieler durchstehen wollte. Und Matthau die Frau auszuspannen, macht zudem besonderen Spaß.«

Der dritte Grumpy Old Man in diesem Bunde ist Burgess Meredith, der den Vater von John mimt, einen knorrigen alten Schweden, der seinen Sohn ganz schön rannimmt. Lemmon erklärt in einem Interview, daß für ihn ein weiterer großer Anreiz gewesen sei, den Sohn von Meredith zu spielen, einen Darsteller, den er seit vielen Jahren bewundert. Grandpa Gustafson, wie er im Film heißt, hat nicht nur Kummer mit seinem Sohn, diesem »Sturkopf«, sondern auch mit seiner Enkelin Melanie, deren Ehe kurz vor dem Ende steht. Für Lemmon war es etwas ungewohnt, daß er mit seinen damals schon 68 Jahren den nur 16 Jahre älteren Meredith als Filmvater hatte. »Aber es ist eine der schönsten und ungewöhnlichsten Vater-Sohn-Beziehungen, die man wohl seit langem im Kino gesehen hat«, meint Lemmon.

Die Grumpy Old Men John und Max sind Nachbarn. Seit 56 Jahren leben sie im Clinch miteinander, aber im Grunde ist der ewige Streit für beide eine Art Lebenselexier: nichts schöner als den anderen zu ärgern und ihm auch mal einen stinkenden Fisch auf den Rücksitz des Autos zu legen. Immerhin sind die Winter lang in Minnesota, und man langweilt sich leicht, selbst wenn man noch gemeinsam zum Eisfischen geht.

Alles ändert sich, als eines Tages die attraktive Witwe Ariel, gespielt von Ann-Margret, auftaucht. Nun beginnt für beide die Balzzeit. Ariel ist entzückt. Mal flirtet sie mit Max, der sie zum Fischen einlädt, mal mit John, der ihr romantische Emotionen entgegenbringt. Und als John eines Abends zusammenbricht und auf der Intensivstation liegt, erkennen sowohl Max als Ariel ihre wahren Gefühle für ihn. Ein Happy End im besten Hollywood-Stil erwartet das Pärchen, wobei sich Max nach all der Rührung, zu der ihn Johns Zustand verleitet hatte, wieder beweisen muß, daß er sich doch nicht geändert hat: Im Hochzeitsauto des frisch vermählten Paares muffelt ein alter Fisch... John stört's längst nicht mehr, und die nächste Generation wird schon für weitere Verbrüderungen sorgen: Melanie und Max' Sohn Jacob finden Gefallen aneinander.

Natürlich sind diese Grumpy Old Men Idealcharaktere für das Gespann Lemmon/Matthau, das schon so oft zuvor bewiesen hat, wie trefflich es miteinander arbeiten kann, wie gut es sich er-

GRUMPY OLD MEN: Jack Lemmon, Walter Matthau

gänzt. Die Dialoge in GRUMPY OLD MEN zählen stellenweise zu den köstlichsten Streitgesprächen zwischen beiden Darstellern, die man je auf der Leinwand erlebt hat.

Doch dieser Film ist keine pure Komödie, wie Lemmon nicht müde wird zu erklären. Er ist eine Tragikomödie, eine Studie alternder Männer, die einsam sind und jede Hoffnung längst aufgegeben haben, daß sich ihr Leben ändern wird. Max ist ein im tiefsten Herzen trauriger Mann, der den Tod seiner Frau nie verwunden hat und seine Frustrationen an John abreagiert. Und auch der ist bei aller vordergründigen Fröhlichkeit und Schlagfertigkeit ein Mann, der sich vor dem Alter, dem Tod und der Einsamkeit genauso fürchtet wie Max. Das verbindet die beiden miteinander. Zwar gewinnt John, wie erwartet, am Ende das Wettrennen um die Gunst von Ariel – wie das meist bei ähnlichen Konstellationen in früheren Filmen der beiden alten Knaben geschehen ist. Aber auch Max ist kein Verlierer. Er hat endlich Freunde gewonnen, wobei aber – und das ist das Beste am Film – zum Schluß der Himmel nicht voller Geigen hängt. Die beiden werden auch in Zukunft weiter miteinander streiten – wie ein altes Ehepaar, das einfach nicht mehr anders kann und todunglücklich wäre, wenn es diese Auseinandersetzungen nicht mehr gäbe. Eine solche Beziehung kann auch keine Frau zerstören.

Apt. (305) 93

THE APARTMENT: Tony Curtis besucht Billy Wilder und Jack Lemmon bei den Dreharbeiten

Biografie

ROLF AURICH

Jack Lemmon wird am 8. Februar 1925 als John Uhler Lemmon III in Newton, einem Ort bei Boston, geboren. Von Anfang an ist er ein kränkelndes Kind. Seine Mutter Mildred LaRue Lemmon (geborene Noel), eine begeisterte Geschichtenerzählerin, erwähnt ihm gegenüber später die Witzeleien der Krankenschwester: »Oh je, sehen Sie sich nur die gelbe Zitrone an.« Mit seinem Vater John Uhler Lemmon, Jr., Vizepräsident der Doughnut Corporation of America und ein begeisterter Sänger und Schauspieler, steht er das erste Mal im Alter von vier Jahren in einer Amateur-Inszenierung auf der Bühne. Seine Zeile: »Hark. A pistol shot!« Lemmon ist in der Kindheit oft allein. Seine Eltern, die nicht besonders gut miteinander auskommen, lassen sich zunächst nur wegen des Jungen nicht scheiden.

Seine Schulzeit absolviert er an der angesehenen Rivers County Day School in Chestnut Hill und an der Phillips Academy in Andover. Den Abschluß macht er 1943. Im Sommer des Jahres verbringt er viel Zeit mit der Theatergruppe der ›Marblehead Players‹ in Boston. Von seinem Wunsch, die Universität von Yale zu besuchen, nimmt er auf Druck des Vaters, der sich inzwischen von seiner Frau getrennt hat, Abstand. 1943 beginnt er sein Studium in Harvard. Dort wird er Präsident des (satirischen) ›Hasty Pudding Club‹, der eine Reihe von Bühnenshows veranstaltet. Bereits auf dem College und an der Universität spielt der Autodidakt Lemmon Klavier und Theater. Seinen außerordentlichen Aktivitäten auf diesen Gebieten stehen eher mäßige Leistungen im Studium gegenüber, das er offenbar 1945 für den Militärdienst als Fähnrich bei der US Navy unterbricht. Er wird Nachrichten-Offizier auf einem Transportschiff. Im Sommer 1946 kehrt Lemmon ins Zivilleben zurück und schließt sich den ›North Shore Players‹ aus Massachusetts an. Sein Studium in Harvard beendet er 1947.

Mit 300 Dollar von seinem Vater und dem festen Vorsatz Schauspieler zu werden, geht John Uhler Lemmon III nach New York, wo er zunächst in einer kleinen Wohnung an der East Side lebt. Während er Beschäftigung am Theater sucht, verdient er sich den Lebensunterhalt als Bar-Pianist. Erste Arbeit erhält er in der ›Old Knick Music Hall‹: »Ich habe den Job durch einen Studienkollegen bekommen. Man bezahlte mir ungefähr dreizehn Dollar in der Woche. Ich lebte gleich um die Ecke vom ›Old Knick‹«, berichtet er 1961. »Meine Lehrzeit war hart, ich mußte jeden Job annehmen, der sich mir bot. Ich war Kellner in schmierigen Nachtklubs, ich war hin und her gehetztes ›Mädchen für alles‹ bei kleinen Wanderbühnen. Ich war ganz unten.« Die Palette seiner Tätigkeiten reicht in dieser Zeit vom ›food checker‹ in einer Restaurantkette bis zum Stummfilmpianisten in Kinos.

Sein Off-Broadway-Debüt feiert er dann – noch unter dem Namen John Uhler – in der Rolle des Nikita in »Die Macht der Finsternis« nach Tolstoi. Während dieser Produktion lernt er die junge Radiosprecherin und Schauspielerin Cynthia Stone kennen, die er am 7. Mai 1950 heiratet. Im Herbst 1948 wird Lemmon in New York als Sprecher für Radio-Soap-Operas engagiert, anschließend erhält er zahlreiche Fernsehangebote. Als Schauspieler, manchmal auch als Produzent, ist er zwischen 1948 und 1953 nach eigenen Schätzungen an mehr als 400 Fernsehshows beteiligt: »Das bedeutete ungefähr jeden dritten Tag Jack Lemmon auf dem Bildschirm«, sagt er in einem Interview. »Ich hatte Hauptrollen in Shows wie beispielsweise THE KRAFT TELEVISION THEATRE und THE WEB, außerdem in einigen Stücken, die von Robert Montgomery präsentiert wurden. Die einzige noch verbliebene gute Show ist PLAYHOUSE 90. Ich bezweifle, daß ich, selbst wenn man mich haben wollte, mit dem heutigen Fernsehen einverstanden wäre.« Vom Herbst 1951 bis zum Frühjahr 1952 spielt er zusammen mit seiner Frau Cynthia Stone THE COUPLE NEXT DOOR. 1965 berichtet er darüber: »Das war das Beste. Niemand hat sich aufgespielt, und niemand hatte etwas zu verlieren – das ist sehr, sehr wichtig! Wir hatten nur eine fünfzehnminütige Probe. Einmal hatte sich meine Fliege geöffnet, ohne daß ich es bemerkte. Der Kameramann folgte mir von da an unablässig, machte Nahaufnahmen, wohin ich auch ging, so daß immer nur mein Kopf zu sehen war. Ich habe gedacht, der Kerl sei verrückt. Meine Güte, ich vermisse es. Es war so aufregend.«.

Ab 1950 spielt Lemmon in New York auch erste kleine Rollen an großen Theatern. Das Broadway-Debüt gelingt ihm 1953 in einer Neuinszenierung des Stücks »Room Service« von John Murray und Allen Boretz unter der Regie von Everett Sloane. Das Stück wird nach nur zwei Wochen und 16 Vorstellungen abgesetzt, doch Lemmon in der Rolle des naiven Bühnenschriftstellers Leo Davis bekommt gute Kritiken – und kurz darauf einen Hollywood-Vertrag bei der Columbia, nachdem deren Talentscout Max Arnow ihn am 23. Februar 1953 in der Fernsehshow ROBERT MONTGOMERY PRESENTS gesehen hat. Lemmons Filmdebüt wird die mit Judy Holliday prominent besetzte Liebeskomödie IT SHOULD HAPPEN TO YOU (1953/54). Die Probeaufnahmen werden in Vertretung des abwesenden Regisseurs George Cukor von Richard Quine geleitet, mit dem Lemmon anschließend noch mehrfach zusammenarbeitet. Zu dieser Zeit hat Lemmon kein besonderes Verhältnis zum Kinofilm, und es war offenbar auch niemals ein erstrebenswertes Ziel für ihn, auf der Leinwand zu erscheinen.

Billy Wilder hat gegenüber Walter Matthau von den Dreharbeiten zu Lemmons erstem Film erzählt: »George Cukor war der Regisseur. Erste Szene. Lemmon legt los, strengt sich gewaltig an – George Cukor bedankt sich, geht zu Lemmon und sagt: ›Sie sind neu in diesem Business, nicht wahr?‹ Lemmon nickt. Darauf Cukor: ›Sie werden ein großer Star werden, kein Zweifel. Aber wir werden die Szene noch mal drehen, und bitte machen Sie ein kleines bißchen weniger.‹ Die Szene wird wiederholt. Cukor bedankt sich und sagt: ›Wunderbar! Aber versuchen Sie ruhig, noch ein bißchen weniger zu machen.‹ Lemmon macht also noch weniger. Cukor ist begeistert: ›Toll! Aber vielleicht eine kleine Spur weniger.‹ So wiederholt sich das noch fünfmal, bis Lemmon schließlich sagt: ›Mr. Cukor, wenn das so weitergeht, etwas weniger, etwas weniger, wird bald der Punkt kommen, wo ich überhaupt nicht mehr spiele.‹ Darauf Cukor: ›Jetzt haben Sie endlich begriffen, worauf ich aus bin.‹« (Süddeutsche Zeitung Magazin, 31.5.1991)

TONI TWIN TIME (Fernsehshow)

Bei Columbia unterschreibt Lemmon keinen Exklusiv-Vertrag, was sich als Vorteil herausstellt, entsteht doch bereits sein dritter Film, MISTER ROBERTS (1955), für die Warner-Studios. Der geschlossene Vertrag ist ungewöhnlich liberal und erlaubt es ihm, mehrmals im Jahr am Broadway zu spielen und einen Film jährlich für andere Studios zu realisieren. Vor Beginn seiner Filmarbeit beschließen Lemmon und seine Frau, sich zu trennen. Nach einer vorläufigen Versöhnung wird am 22. Juni 1954 der Sohn Christopher geboren. Im Dezember 1956 lassen sich Jack Lemmon und Cynthia Stone endgültig scheiden.

Für eine Rolle in John Fords THE LONG GRAY LINE (1955) werden – wiederum geleitet von Richard Quine – Probeaufnahmen mit Lemmon in der Maske eines alten Mannes gemacht. Doch Ford besteht – ohne die Aufnahmen gesehen zu haben – auf Tyrone Power. Als er die Proben später sieht (ein Assistent hat sie an Tagesmuster von THE LONG GRAY LINE gehängt), ist er angetan und meint, Lemmon sei die richtige Besetzung für die Rolle des Ensign Pulver in seinem nächsten Film MISTER ROBERTS. Lemmon zu den Dreharbeiten: »Ich hatte den Eindruck, Ford würde viel weniger Regieanweisungen geben als andere Regisseure, mit denen ich gearbeitet hatte. Ich lernte durch ihn, daß viele Anweisungen und viele Worte nicht notwendigerweise irgend etwas mit Regie zu tun haben müssen. Ford würde für eine Drei-Seiten-Szene vielleicht eine einzige Anweisung geben. Aber diese eine Anweisung würde alles Wesentliche enthalten.« (Ronald B. Davis: John Ford. Hollywood's Old Master. Norman und London 1995) Lemmon wird 1955 für die Rolle in MISTER ROBERTS mit seinem ersten Academy Award als bester Nebendarsteller ausgezeichnet.

Lemmon, der sehr gern Klavier spielt, angeblich aber keine Noten lesen kann, nennt 1960 als seine bevorzugte musikalische Stilrichtung »a loose form of modern jazz«. Bereits 1958 bringt er unter dem Titel »A Twist of Lemmon« eine Schallplatte heraus. Neben sechs von ihm gesungenen Liedern und Piano-Versionen bekannter Standards ist darauf auch die Eigenkomposition »With All My Love« enthalten. Weitere Veröffentlichungen, auf denen Jack Lemmon (allerdings nicht mit eigenen Kompositionen) vertreten ist, sind »Jack Lemmon Plays and Sings Music from SOME LIKE IT HOT«, »IRMA LA DOUCE«, »Here is New York«, »Jack Lemmon Narrates E.B. White«, »Peter and the Wolf« (als Laserdisc) und »Jack Lemmon: Piano and Vocals«.

Sein zweiter Film mit Richard Quine als Regisseur, die Militärkomödie OPERATION MAD BALL (1957), wird von Lemmon geschätzt: »Verglichen mit anderen Filmen, in denen ich mitwirkte, ist dies ein kleiner, doch sehr bemerkenswerter Film. Erstens ist er eine außergewöhnliche Komödie, sogar eine meiner besten – mit frischen Ideen, einer exzellenten Besetzung und einem Richard Quine, der mit viel Verstand, Stil und Verve inszeniert hat. Zweitens waren wir eine verdammt zufriedene Gemeinschaft – wir liebten, was wir taten, und das tat dem Film sehr gut. Drittens war er das Debüt von Ernie Kovacs, einem Mann von enormem Talent. Und viertens mochte Billy Wilder den Film so sehr, daß er mich vor allem deshalb für SOME LIKE IT HOT verpflichtete.« (Films in Review, Vol. 21, Nr.1, Januar 1970) Während Lemmon 1959 mit Doris Day an Richard Quines Komödie IT HAPPENED TO JANE arbeitet, legt Columbia-Chef Harry Cohn Wert darauf, Lemmon für das Film-Projekt »Joseph and His Brethren« zu testen. Die Probe gerät nach Lemmons Worten zu einem Fiasko, der Film wird nie realisiert. 1960 werden Lemmon und Peter Sellers von Sam Spiegel für die britische Columbia-Produktion »Dangerous Silence« verpflichtet (nach einem Stück von T.E.B. Clarke, das auf Donald McKenzies Bestseller und dem Comedy-Thriller des ›Cosmopolitan Magazine‹ basiert; als Regisseur ist Robert Parrish vorgesehen). Auch dieser Film wird nie gedreht. Etwa zur gleichen Zeit bekommt Lemmon von Robert Rossen das Drehbuch zu THE HUSTLER angeboten. Er lehnt ab – und bedauert diese Entscheidung später ebenso wie sein ausgeschlagenes Angebot an Paul Newman, die dann von Robert Redford gespielte Rolle in George Roy Hills Western BUTCH CASSIDY AND THE SUNDANCE KID (1969) zu übernehmen. Im Juli 1961 erklärt Lemmon, er habe vor, in ONE, TWO, THREE, Billy Wilders Berlin-Komödie aus dem Kalten Krieg, mitzuwirken – »just for kicks. No dough. Maybe I'll wear a wig or something. I won't get any credit«. Trotz einiger Rückschläge sind die späten fünfziger und frühen sechziger Jahre eine entscheidende Zeit, wird Lemmon doch von Billy Wilder für SOME LIKE IT HOT (1959) engagiert, eine Komödie, die seinen Ruhm als Komiker beflügelt.

Die Produktion des Blake Edwards-Films DAYS OF WINE AND ROSES (1962), der die Geschichte eines alkoholabhängigen Paares erzählt und wegen seines ernsten Themas zu einem wichtigen Einschnitt in Lemmons bislang von Komödien geprägter Karriere wird, ist vor allem in der Vorbereitungsphase schwierig: Der Studiochef Jack Warner macht zur Bedingung, den Schluß des Drehbuchs zu ändern. Produzent Martin Manulis, Regisseur Blake Edwards und Jack Lemmon stimmen diesem Ansinnen scheinbar zu. Die Schlußszene wird so, wie sie ursprünglich geschrieben worden ist, am Ende der Drehzeit realisiert. Gleich darauf reist Lemmon nach Europa, ohne irgend jemanden davon zu unterrichten. Eine Änderung der Szene ist auf diese Weise un-

IRMA LA DOUCE: Jack Lemmon, Felicia Farr, Billy Wilder (Dreharbeiten)

möglich geworden. Warner bringt den Film unverändert heraus. Über Edwards und Richard Quine, denen Lemmon in Hollywod als erste begegnet war, sagt er: »Sie hatten einen Raum, den Harry Cohn ihnen gegeben hatte, als sie junge Autoren und Regisseure waren. Wir wurden Freunde. Ich habe mit beiden über die Jahre mehrfach gearbeitet. Es ist interessant, wie sie sich verändert haben. Beide sind gewachsen. Einer konnte damit umgehen – der andere nicht [Quine begeht 1989 Selbstmord, R. A.]. Das war der grundlegende Unterschied. Beide waren gute Regisseure und sehr gute Autoren, sowohl bei Komödien als auch beim Drama.«

Am 15. August 1962 heiratet Jack Lemmon seine zweite Frau, die Schauspielerin Felicia Farr, in Paris während der Dreharbeiten zu Billy Wilders Film IRMA LA DOUCE. Vermutlich 1965, möglicherweise auch früher (1960 als Gründungsjahr ist ebenso zu finden), gründet Jack Lemmon seine eigene Produktionsfirma ›Jalem Productions, Inc.‹. Anlaß für die weitere Gründung von Produktionsfirmen, ›Murder, Inc.‹ (1965) und ›The Kotch Co.‹ (1971), ist jeweils nur ein Filmprojekt. Mit Billy Wilders Komödie THE FORTUNE COOKIE beginnt für Lemmon 1966 eine lange währende Zusammenarbeit mit Walter Matthau. Die Paramount-Produktion THE ODD COUPLE (1968), wieder mit Lemmon und Matthau, möchte eigentlich Billy Wilder inszenieren, doch der Produzent Howard W. Koch entscheidet sich für Gene Saks. Für KOTCH (1971) sind zunächst Mike Nichols, Arthur Penn und Paul Newman als Regisseure vorgesehen; auch sollte die Hauptrolle eigentlich von Fredric March, dann von James Cagney gespielt werden. Die Rolle übernimmt am Ende

Walter Matthau, die Regie Jack Lemmon. Auch früher schon, beim Fernsehen, hat er inszeniert, etwa, wenn ein erkrankter Regisseur vertreten werden muß – allerdings noch nie innerhalb einer Major Company. Die Produktion kostet weniger als 1,6 Millionen Dollar. Nach KOTCH führt Lemmon aus verschiedenen Gründen bei keinem weiteren Film Regie – vor allem, weil er sich grundsätzlich als Schauspieler begreift. »Jeder Schauspieler mit Ehrgeiz und der entsprechenden ökonomischen Potenz hat sich hinter der Kamera versucht«, schreibt James Monaco Mitte der achtziger Jahre. Er zählt Lemmon zu den »Elder Statesmen« unter den amerikanischen Schauspielern – neben Marlon Brando, Kirk Douglas und Robert Mitchum. »Wir bewegen uns anscheinend weg vom Stereotyp des einsamen Wolfs, wie er von John Wayne, Clark Gable, Humphrey Bogart und einer Herde von Westernhelden (und dem Marlon Brando der fünfziger Jahre) geprägt wurde – hin zu einem nachdenklicheren, menschlicheren und sensibleren Archetyp, der schon bei Spencer Tracy, Jimmy Stewart und Bing Crosby zu ahnen war, und später bei Gregory Peck, dem Brando der sechziger Jahre, und Jack Lemmon deutlicher wurde. Es sah so aus, als habe mit dem Aufstieg von Lemmon und Paul Newman in den Sechzigern dieser neue Heldentyp den chauvinistischen Einzelgänger abgelöst, aber Bronson, Eastwood und Konsorten stellten sowohl nach Qualität als auch nach Quantität einen Rückschritt dar. Sie sind entschieden kälter, gefühlloser und oberflächlicher als ihre Vorgänger Wayne, Bogart und die Generation der dreißiger und vierziger Jahre.« (American Film Now, München-Wien 1985)

Kurz bevor Lemmon den Academy Award für die Hauptrolle des desillusionierten Unternehmers Harry Stoner in SAVE THE TIGER (1974) erhält, wird er von seiner alten Universität als »Man of the Year« ausgezeichnet. Die Produktion des Films von John G. Avildsen nach einem Buch von Steve Shagan (der bis dahin lediglich Manuskripte für einige Fernsehproduktionen geschrieben hatte und als ›associate producer‹ einer TARZAN-Serie tätig gewesen war) gestaltet sich schwierig. Als die Studios sich desinteressiert zeigen, wird bei Paramount eine Lösung gefunden: Es gibt kein Honorar für die Produktion, nur gegebenenfalls eine prozentuale Beteiligung am Einspielerlös. Lemmon: »Letztlich kam Bob Evans zu Steve Shagan, dem Autor, und meinte: ›Ok, ich werde Ihnen etwas sagen. Ich glaube wirklich nicht, daß dieser Film auch nur einen roten Heller einspielen wird, aber ich denke, er sollte gemacht werden – hier habt ihr eine Million Dollar. Wenn ihr es dafür machen könnt, ok. Für alles, was darüber hinausgeht, seid ihr verantwortlich.‹ SAVE THE TIGER hat eine Million und 280 Dollar gekostet. Wir waren also verantwortlich für die übrigen 280 Dollar, doch Bob Evans meinte: ›Na, ich denke, das können wir auch noch zahlen‹.« (Cineaste, Vol. 14, Nr. 3, 1986) Nach seiner Auszeichnung ist Jack Lemmon für knapp zwei Jahre in keinem Kinofilm zu sehen. THE FRONT PAGE, ursprünglich ein Projekt von Joseph Mankiewicz, ist dann 1974 eine neuerliche Kooperation mit seinem Freund und Kollegen Walter Matthau – inszeniert von Billy Wilder.

Für THE ENTERTAINER (1976) – nach dem Stück von John Osborne – ist ursprünglich John G. Avildsen als Regisseur vorgesehen, der aber durch Donald Wrye ersetzt wird. Der für das Fernsehen produzierte Film bekommt weitgehend negative Kritiken, hauptsächlich, weil die Geschichte des Entertainers Archie Rice – eine von Laurence Oliviers großen Rollen (in Tony Richardsons englischem Film gleichen Titels von 1960) – hier von England nach Amerika verlegt

worden ist. In den siebziger Jahren nimmt Lemmons Karriere eine deutlichere Wende hin zu Rollen, in denen er nicht komisch zu sein hat. Er sieht sich auch nicht als Komiker, sondern einfach als Schauspieler. Am meisten befriedigen ihn, so bilanziert er in den neunziger Jahren, ernste dramatische Rollen wie jene in Save the Tiger, The China Syndrome (1978), Missing (1982) oder Glengarry Glen Ross (1992). Bei den Komödien hat er stets Charles Chaplin und Walter Matthau bewundert, beim Drama sind seine Favoriten Spencer Tracy, Laurence Olivier und Robert Donat. Zugleich aber ist er auch unzufrieden mit dem amerikanischen ›Typecasting‹, das Schauspieler weitgehend auf einen Rollentypus festzulegen versucht, und mit der strikten Trennung in ›drama‹ und ›comedy‹. Als Grund für seine Vielseitigkeit im Kinofilm sieht Lemmon die Zeit beim Fernsehen an. »Ich denke, Unterhaltung ist eine schöne Sache. Man kann Komödien nicht besser schreiben und inszenieren als Mr. Wilder. Die Botschaft lautet dort: ›Laugh your ass off.‹ Aber man macht heute keine solchen Komödien mehr.« (Los Angeles Times, 27.9.1992)

Bereits in den späten sechziger und frühen siebziger Jahren unterstützt Jack Lemmon Umweltaktivitäten unter anderem durch seine Mitwirkung an entsprechenden Filmprojekten. Nachdem ihm von Michael Douglas die Rolle des Nuklear-Technikers Jack Godell in The China Syndrome angeboten wird, konzentriert er sich ganz auf diese Arbeit: »Ein ganzes Jahr war vergangen (1977-78), und ich hatte in dieser Zeit buchstäblich keine andere Arbeit angenommen, um das Vorhaben, sollte es sich verfestigt haben, durch zeitliche Probleme nicht zu gefährden. So habe ich die Chance also wahrgenommen. Der nächste Schritt war, daß jemand die schöne Idee hatte, Jane Fonda [die zu dieser Zeit noch an einem ähnlichen Thema arbeitet, aus dem später Mike Nichols' Film SILKWOOD wird, R.A.] zu engagieren – es war schließlich ein Stoff, der sie mit Sicherheit interessierte. Ihre Rolle war ursprünglich für einen Mann geschrieben worden, den Richard Dreyfuss spielen sollte. Dreyfuss hatte dann aber Schwierigkeiten mit den verschiedensten Dingen [unter anderem fordert er plötzlich eine Verdopplung seiner Gage auf 500.000 Dollar, R.A.], bis irgend jemand (...) sagte: ›Moment mal, wie wär's denn, wenn Jane Fonda die Dreyfuss-Rolle spielen würde?‹ Für dreißig Sekunden war ich platt, dann sagte ich: ›Mein Gott, das ist wunderbar!‹ Aber zuerst hatte ich gedacht, Hollywood schlägt wieder zu, es muß ein Mädchen dabei sein.« (Fred Lawrence Guiles: Jane Fonda. The Actress in Her Time. New York 1982) Der für THE CHINA SYNDROME ursprünglich als Regisseur vorgesehene Michael Gray, zugleich Erfinder des Stoffes, muß sich mit einem Credit als Mitautor zufriedengeben: Jane Fonda besteht mit aller Härte auf James Bridges als Regisseur. Sämtliche Szenen mit Jack Lemmon, hauptsächlich solche im Kontrollraum des Atomkraftwerks, werden als erste gedreht, weil seine Proben für die Broadway-Inszenierung von Bernard Slades Stück »Tribute« nicht aufzuschieben sind. Knapp zwei Wochen nach der Premiere des Films kommt es im Atomkraftwerk Three Mile Island nahe Harrisburg zu einem schweren Unfall, der dem im Film stark ähnelt.

Lemmon kehrt wiederholt zum Theater zurück, wo er unter anderem im September 1960 in Philadelphia (später auch am Broadway) an der Seite von George Grizzard, Betsy Blair, Sandy Dennis und anderen in »Face of a Hero«, einer Inszenierung Alexander Mackendricks, mitwirkt (an John Frankenheimers vorangegangener Fernseh-Inszenierung des Stoffes von 1959 ist er ebenfalls beteiligt). Ab März 1970 spielt er für sechs Wochen im Los Angeles County's Music Center den Harry Van in »Idiot's Delight« (Regie: Garson Kanin), 1974/75 ist er in Los Angeles neben Walter Matthau und Maureen Stapleton der Joxer Daly in einer Inszenierung von Sean O'Caseys »Juno and the Paycock« (Regie: George Seaton), und von Juni bis Dezember 1978 wirkt er als Hauptfigur Scottie Templeton am Broadway in »Tribute« mit, eine Rolle, die er zwei Jahre später auch in Bob Clarks gleichnamigem Film innehat und für die er auf der Berlinale 1981 mit einem Silbernen Bären ausgezeichnet wird. Unter der Regie von Jonathan Miller spielt Lemmon zunächst 1985 am Broadway und dann im Herbst 1986 in London den James Tyrone in Eugene O'Neills »Long Day's Journey into Night«. 1987 inszeniert Miller das Stück mit Lemmon für das amerikanische Fernsehen. Während der gemeinsamen Theaterarbeit sprechen Lemmon und Miller am 7. September 1986 im Rahmen der ›Guardian Film Lectures‹ in London über die Arbeit des Schauspielers. Das Gespräch wird veröffentlicht (Talking Films. Edited by Andrew Britton. London 1991). Später spielt er in London in Donald Freeds »Veteran's Day« und in Los Angeles in dem Zweipersonen-Stück »A Life in the Theatre« nach David Mamet. Auch dieses Stück wird anschließend mit ihm (und Matthew Broderick) verfilmt (Regie: Gregory Mosher). Lemmon zur Theaterarbeit: »Ich habe immer wieder versucht, alle paar Jahre auf der Bühne zu arbeiten, denn das Filmen ist verführerisch. Man kann in schlechte Gewohnheiten verfallen und beginnt nur noch vom Hals an ›abwärts‹ zu arbeiten. Auf der Bühne jedoch geht der Vorhang auf und du mußt deinen ganzen Körper benutzen. Man wird gefordert.« (Los Angeles Times, 27.9.1992)

AIRPORT '77: Brenda Vaccaro, Jerry Jameson, Jack Lemmon (Dreharbeiten)

Nachdem er ihn in TRIBUTE (1980) gesehen hat, entscheidet sich der Regisseur Constantin Costa-Gavras für Lemmon als Hauptdarsteller seines im Chile der Nach-Allende-Ära spielenden Politthrillers MISSING. Er hält es für eine interessante Idee, Lemmon für die ernste Rolle des Ed Horman vorzusehen. Zudem hofft er, durch diese Besetzung ›gegen den Strich‹ Lemmon als einen emotional verwirrten mittelamerikanischen ›Jedermann‹ glaubwürdig machen zu können, als einen republikanischen Geschäftsmann, der mit gutem Gewissen Nixon gewählt hat. – 1982 setzt sich Lemmon für eine finanzielle Unterstützung von Tom Hayden, demokratischer Kandidat für das Amt des Gouverneurs von Kalifornien, ein. Er verschickt dazu knapp 12.000 Briefe an seine Landsleute. Anfang 1983 berichtet die Fernsehgesellschaft ABC, Lemmon sei inzwischen mehr als achtzehn Monate ohne Film-Engagement. Im Dezember 1985 nimmt er eine Einladung des Festival Internacional Del Nuevo Cine Latinoamericano in Havanna an, wo drei seiner Filme – MISSING, THE CHINA SYNDROME und SOME LIKE IT HOT – gezeigt werden. Während des einwöchigen Aufenthalts trifft Lemmon kubanische Filmmacher und andere Künstler sowie Staatschef Fidel Castro. Ihm wird der Life Achievement Award des kubanischen Filminstituts überreicht. Lemmon äußert sich nicht nur positiv über den Aufenthalt, die kubanische Gastfreundschaft und zahlreiche kulturelle Institutionen, sondern wendet sich auch gegen das nordamerikanische Handelsembargo gegen Kuba. Zu Politik und Kunst äußert er sich 1986: »Ich betrachte mich nicht als Kenner der Politik, aber ich meine auch, ein Künstler kann das, was er tut, auch politisch nutzen, wenn er es wünscht. In meinem eigenen Land habe ich nicht versucht, meine Position auszunutzen, um die Wähler zu beeinflussen. Ich bin ein sehr überzeugter Demokrat. Aber ich habe meine Position ausgenutzt in Fragen der sozialen Hilfeleistungen und in Situationen, die, wie hier und heute, etwas mit den Menschenrechten zu tun haben.« (Film und Fernsehen, Nr. 5, Mai 1986)

1986 sind neben Lemmon auch seine Ehefrau und sein Sohn Christopher an Blake Edwards' bitterer Familien-Komödie THAT'S LIFE beteiligt. Die Arbeit hat weitgehend privaten Charakter: »Julie Andrews spielt meine Ehefrau, Chris Lemmon spielt unseren Sohn, und die beiden Edwards-Töchter spielen unsere Töchter. Sie reden von Vetternwirtschaft? Hier haben Sie sie! Felicia spielt eine Wahrsagerin, die mich verführt, und ich glaube, unser Hausmädchen ist auch irgendwo zu sehen, aber genau weiß ich das nicht. Egal, es ist jedenfalls das beste home movie, in dem ich je mitgemacht habe.« (Cineaste, Vol. 14, Nr. 3, 1986) THAT'S LIFE ist der erste Film, in dem Lemmon improvisiert: »Ich habe es in einem Film niemals zuvor probiert. Genaugenommen habe ich seit den Live-Übertragungen des alten Fernsehens nicht mehr improvisiert, doch ich konnte es plötzlich wieder – so, wie man das Schwimmen auch nicht verlernt.«

Das Projekt GLENGARRY GLEN ROSS hat eine Entstehungsgeschichte von etwa fünf Jahren, in denen Ulu Grosbard und Sidney Lumet sich mit dem Stoff von David Mamet befassen, bevor der endgültige Regisseur James Foley gefunden wird. Lemmon zur Arbeit an diesem Film: »Ich mache keine Witze, wenn ich wiederhole, dies sei die größte schauspielerische Erfahrung gewesen, die ich je gemacht habe – was das Ensemble betrifft. *Mit* einem Schauspieler zu spielen, nicht *zu* ihm hin. Neunzig Prozent ihrer Zeit spielen Schauspieler nur *zueinander hin.* Jeder Kerl in diesem Film sollte nach meiner Meinung einen Oscar erhalten. Jeder war geradewegs im Schauspielerhimmel. Wir tanzten auf unseren Zehen, um zu sehen, wie die anderen Schauspieler arbeiten. Es war die reinste Hingabe. Pur. Wie Theater.« (Film Comment, Vol. 29, Nr. 2, März–April 1993)

Noch 1991 sagt Lemmon auf die Frage nach einer erneuten Zusammenarbeit mit Walter Matthau: »Walter ist wie ein Bruder zu mir und ich liebe ihn von ganzem Herzen. Außerdem arbeiten wir sehr gern zusammen. Doch es ist sehr schwierig, neuerlich zusammenzukommen, und zwar aus zwei Gründen: Erstens: Man sollte diese Masche nicht ausreizen – wir wollen ganz sicher nicht Abbott and Costello nachmachen! Und zweitens ist es schon extrem schwer, ein gutes Script für sich selbst zu finden. Zwei gute Rollen zu finden, ist hingegen schon fast unmöglich. Doch wir sind zuversichtlich, daß wir ein weiteres Mal zusammen spielen werden – bevor zuviel Zeit verstrichen ist.« (Talking Films) 1993 drehen beide unter der Regie von Donald Petrie die Komödie GRUMPY OLD MEN, zwei Jahre später das Sequel GRUMPIER OLD MEN (Regie: Howard Deutch). Anfang 1996 arbeitet Lemmon – zusammen mit Robin Williams, Charlton Heston, Gérard Depardieu, Julie Christie und anderen – unter der Regie des britischen Regisseurs Kenneth Branagh in London an einer Film-Adaptation von Shakespeares »Hamlet«. Er übernimmt die Rolle des Marcellus.

Jack Lemmon, dem 1988 vom American Film Institute der Life Achievement Award verliehen wird und der neben Clint Eastwood, Bill Murray und Don Johnson zu Hollywoods besten Golfspielern zählt, hat mit seiner Frau Felicia Farr die Tochter Courtney Noel, die 1966 geboren wird. Er lebt in Beverly Hills und Malibu.

Filmografie

HOMMAGE

ONCE TOO OFTEN. – USA 1950.
☐ Kurzfilm für die United States Army

IT SHOULD HAPPEN TO YOU!. – USA 1953/54. – Regie: George Cukor. – Buch: Garson Kanin (nach einer eigenen Geschichte). – Kamera: Charles Lang. – Schnitt: Charles Nelson. – Musik: Frederick Hollander. – Bauten: John Meehan. – Produktion: A Fred Kohlmar Production for Columbia. – Produzent: Fred Kohlmar. – Länge: 86 M. – New Yorker Premiere: 15.1.1954. – Darsteller: Judy Holliday, Peter Lawford, Michael O'Shea, Connie Gilchrist, Jack Lemmon, Constance Bennett.
☐ Jack Lemmon als verträumter Freund von Judy Holliday, die als Model zu reüssieren versucht. »Als junger Mann hat Jack Lemmon – ein Fernsehflüchtling, wie uns gesagt wird – einen warmen, mitleidheischenden Charakter. Er sollte häufiger auf der Leinwand zu sehen sein.« (Bosley Crowther, The New York Times, 16.1.1954)

PHFFFT!. EINE GLÜCKLICHE SCHEIDUNG. – USA 1954. – Regie: Mark Robson. – Buch: George Axelrod (nach einem eigenen, nicht realisierten Stück). – Kamera: Charles Lang. – Schnitt: Charles Nelson. – Musik: Frederick Hollander. – Bauten: William Flannery. – Produktion: A Fred Kohlmar Production for Columbia. – Produzent: Fred Kohlmar. – Länge: 91 M. – New Yorker Premiere: 10.11.1954; deutsche Erstaufführung: 22.3.1955. – Darsteller: Judy Holliday, Jack Carson, Kim Novak, Jack Lemmon, Luella Gear, Arny Freeman.
☐ Komödie mit Lemmon und Holliday als Paar, das seine Scheidung rückgängig macht. – »Everybody's roaring at that ph-f-f-female and her ph-f-f-feller and their ph-f-f-fights!« (Filmplakat)

EXTRA DOLLARS. – USA 1954. – Regie: Richard Quine.
☐ Kurzfilm für das US-Schatzamt.

THREE FOR THE SHOW. LIEBE IM QUARTETT. – USA 1955. – Regie: H.C. Potter. – Buch: Leonard Stern, Edward Hope (nach dem Stück »Home and Beauty« von W. Somerset Maugham). – Kamera: Arthur Arling. –

Schnitt: Viola Lawrence. – Musik: George Duning. – Bauten: Walter Holscher. – Produktion: A Jonie Taps Production for Columbia. – Produzent: Jonie Taps. – Länge: 93 M. – New Yorker Premiere: 24.2.1955; deutsche Erstaufführung: 20.5.1955. – Darsteller: Betty Grable, Jack Lemmon, Marge und Gower Champion, Paul Harvey, Robert Bice.
☐ Als Kriegsheimkehrer, der als im Felde gefallen galt, hat Lemmon damit zu kämpfen, daß seine Frau (Grable) inzwischen seinen ehemaligen Partner geheiratet hat. Remake des Musicals TOO MANY HUSBANDS von 1940.

MISTER ROBERTS. KEINE ZEIT FÜR HELDENTUM. – USA 1955. – Regie: John Ford, Mervyn LeRoy (ungenannt: Joshua Logan, der einige wenige Szenen drehte). – Buch: Frank S. Nugent, Joshua Logan (nach dem gleichnamigen Stück von Joshua Logan und Thomas Heggen, bearbeitet nach dem gleichnamigen Roman von Thomas Heggen). – Kamera: Winton C. Hoch. – Schnitt: Jack Murray. – Musik: Franz Waxman. – Bauten: Art Loel. – Produktion: Orange Production Ltd. for Warner Bros. – Produzent: Leland Hayward. – Länge: 123 M. – New Yorker Premiere: 14.7.1955; deutsche Erstaufführung: 27.1.1956. – Darsteller: Henry Fonda, James Cagney, William Powell, Jack Lemmon, Ward Bond, Betsy Palmer.
☐ Lemmon als Leutnant Pulver zwischen dem Schiffsoffizier (Fonda) und dem Kapitän (Cagney) ist Held der berühmten Schaumbad-Szene und erhält seinen ersten Academy Award. Von da an werden ihm viele Jahre lang fast ausschließlich Komödien angeboten.
Auszeichnung: Academy Award (USA), 1955 (Bester Nebendarsteller).

HOLLYWOOD BRONC BUSTERS. – USA 1955. – Regie: Ralph Staub.
☐ Kurzfilm mit Lemmon als Erzähler.

MY SISTER EILEEN. MEINE SCHWESTER ELLEN/ZWEI ERFOLGREICHE SCHWESTERN (Fernsehen). – USA 1955. – Regie: Richard Quine. – Buch: Richard Quine, Blake

Edwards (nach dem gleichnamigen Stück von Joseph Fields und Jerome Chodorov sowie Erzählungen von Ruth McKenney). – Kamera: Charles Lawton, Jr. – Schnitt: Charles Nelson. – Musik: George Duning. – Bauten: Walter Holscher. – Produktion: A Fred Kohlmar Production for Columbia. – Produzent: Fred Kohlmar. – Länge: 108 M. – New Yorker Premiere: 22.9.1955; deutsche Erstaufführung: 29.11.1955. – Darsteller: Janet Leigh, Jack Lemmon, Betty Garrett, Robert (Bob) Fosse, Tommy Rall, Richard (Dick) York.

□ Als Herausgeber einer Zeitschrift hat Bob Baker (Lemmon) es auf einige Geschichten von Ruth Sherwood (Garrett) abgesehen – aber nicht nur auf die. – Ein Remake des gleichnamigen Films von 1942 (Regie: Alexander Hall), in dem Richard Quine die Rolle des Frank Lippencott spielt, die in seiner eigenen Inszenierung von Bob Fosse verkörpert wird.

YOU CAN'T RUN AWAY FROM IT. OHNE LIEBE GEHT ES NICHT. – USA 1956. – Regie: Dick Powell. – Buch: Claude Binyon, Robert Riskin (nach dem Drehbuch »It Happened One Night« von Robert Riskin und der Kurzgeschichte »Night Bus« von Samuel Hopkins Adams). – Kamera: Charles Lawton, Jr. – Schnitt: Al Clark. – Musik: George Duning. – Bauten: Robert Peterson. – Produktion: A Dick Powell Production. – Produzent: Dick Powell. – Länge: 95 M. – Uraufführung: November 1956; deutsche Erstaufführung: 8.2.1957. – Darsteller: June Allyson, Jack Lemmon, Charles Bickford, Jim Backus, Paul Gilbert, Stubby Kaye.

□ Lemmon als sympathischer arbeitsloser Reporter und Allyson als verwöhnte Millionärstochter übernehmen in diesem Musical-Remake von IT HAPPENED ONE NIGHT (1934) die früheren Rollen von Claudette Colbert und Clark Gable.

FIRE DOWN BELOW. SPIEL MIT DEM FEUER. – GB/USA 1957. – Regie: Robert Parrish. – Buch: Irwin Shaw (nach dem gleichnamigen Roman von Max Catto). – Kamera: Desmond Dickinson. – Schnitt: Jack Slade. – Musik: Arthur Benjamin, Kenneth V. Jones, Douglas Gambley. – Bauten: Syd Cain, John Box. – Produktion: Irving Allen, Albert R. Broccoli for Warwick Films. – Produzent: Irving Allen, Albert R. Broccoli, Ronald Kinnock. – Länge: 116 M. – Uraufführung: Juli 1957; deutsche Erstaufführung: 30.8.1957. – Darsteller: Rita Hayworth, Jack Lemmon, Robert Mitchum, Herbert Lom, Anthony Newley, Bernard Lee.

□ Lemmon, hier in einer etwas dramatischeren Rolle als bislang, komponierte das Mundharmonika-Thema für einen Film, der die Konstellation von zwei Männern und einer Frau auf einer Insel neuerlich variiert.

OPERATION MAD BALL. SELTEN SO GELACHT. – USA 1957. – Regie: Richard Quine. – Buch: Jed Harris, Blake Edwards, Arthur Carter (nach dem gleichnamigen Bühnenstück von Arthur Carter). – Kamera: Charles Lawton, Jr. – Schnitt: Charles Nelson. – Musik: George Duning. – Bauten: Robert Boyle. – Produktion: A Jed Harris Production for Columbia. – Produzent: Jed Harris. – Länge: 105 M. – New Yorker Premiere: 20.11.1957; deutsche Erstaufführung: 20.12.1957. – Darsteller: Jack Lemmon, Kathryn Crosby, Ernie Kovacs, Mickey Rooney, Arthur O'Connell, Dick York, Otto Reichow.

□ Die Militärkomödie ist der erste gemeinsame Film von Lemmon und dem Komödianten Kovacs, der 1962 kurz vor seinem 43. Geburtstag bei einem Autounfall ums Leben kam. »Wenn Ernie noch leben würde, hätte aus dem späteren Lemmon-Matthau-Team ebensogut ein Lemmon-Kovacs-Team werden können.« (Richard Quine) Billy Wilder mochte Lemmons Rolle als Private Hogan in dieser überdrehten Fünfziger-Jahre-Version von M*A*S*H sehr, sie war einer der Gründe dafür, daß er ihn unbedingt für SOME LIKE IT HOT gewinnen wollte.

COWBOY. COWBOY. – USA 1958. – Regie: Delmer Daves. – Buch: Edmund H. North (nach dem Roman »My Reminiscences as a Cowboy« von Frank Harris). – Kamera: Charles Lawton, Jr. – Schnitt: William A. Lyon, Al Clark. – Musik: George Duning. – Bauten: Cary Odell. – Produktion: A Phoenix Production/Julian Blaustein. – Produzent: Julian Blaustein. – Länge: 92 M. – Kinostart: März 1958; deutsche Erstaufführung: 18.7.1958. – Darsteller: Glenn Ford, Jack Lemmon, Anna Kashfi, Brian Donlevy, Dick York, Richard Jaeckel.

□ Sein erster und einziger Western brachte Lemmon die Rolle als Möchtegern-Cowboy Frank Harris, eines Greenhorns, das zwischen Chicago und Mexico im Gefolge wirklicher Cowboys eine Menge über die harte Wirklichkeit lernt.

BELL, BOOK AND CANDLE. HILFE! MEINE BRAUT IST ÜBERSINNLICH. – USA 1958. – Regie: Richard Quine. – Buch: Daniel Taradash (nach dem gleichnamigen Stück von John Van Druten). – Kamera: James Wong Howe. – Schnitt: Charles Nelson. – Musik: George Duning. – Bauten: Cary Odell. – Produktion: A Phoenix Prodcution. – Produzent: Julian Blaustein. – Länge: 103 M. – Kinostart: November 1958; deutsche Erstaufführung: 16.1.1959. – Darsteller: Kim Novak, Jack Lemmon, James Stewart, Ernie Kovacs, Elsa Lanchester, Hermione Gingold.

☐ Als Bruder der Hexe Kim Novak kann Lemmon nicht viel ausrichten – entsprechend fällt seine Rolle relativ klein aus. Dies um so mehr, als an seiner Seite mit Lanchester und Gingold zwei starke Frauen agieren: »Bei diesen beiden alten Mädchen mußt du aufpassen! Sie stehlen dir mit Leichtigkeit die Szene und sind noch dazu auf geradezu hysterische Weise lustig.« (Lemmon)

SOME LIKE IT HOT. MANCHE MÖGEN'S HEISS. – USA 1959. – Regie: Billy Wilder. – Buch: Billy Wilder, I.A.L. Diamond (angeregt durch eine unveröffentlichte Story von Robert Thoeren und Michael Logan). – Kamera: Charles Lang, Jr. – Schnitt: Arthur P. Schmidt. – Musik: Adolph Deutsch. – Bauten: Ted Haworth. – Produktion: An Ashton Production. A Mirisch Company Presentation. – Produzent: Billy Wilder. – Länge: 120 M. – Uraufführung: 25.2.1959; deutsche Erstaufführung: 17.9.1959. – Darsteller: Marilyn Monroe, Jack Lemmon, Tony Curtis, George Raft, Pat O'Brien, Joe E. Brown.
☐ Curtis und Lemmon als in Frauenkleidung steckende Musiker Joe/Josephine und Jerry/Daphne sind auf der Flucht vor Gangstern in einer Frauenkapelle untergetaucht, wo ihnen allerdings andere Probleme zu schaffen machen. – »Die Szene im Morgengrauen, wenn Tony – nach seiner Liebesnacht mit Marilyn auf der Yacht – durch das Fenster hereinklettert und Lemmon auf dem Bett liegend noch immer mit seinen Rumbakugeln zugange ist und ihm gesteht, daß er verliebt ist – diese Szene, die nur zwei Minuten dauert, ist der größte Dauerlacher aller meiner Filme. Mein Trick war, Lemmon weiter mit den Rumbakugeln arbeiten zu lassen, um die Lacher zu kassieren, aber das Publikum vor der nächsten Pointe wieder ruhig zu bekommen.« (Billy Wilder)
Auszeichnungen: Preis der Society of Film and Television Arts (Großbritannien), 1959 (Bester ausländischer Darsteller); Nominierung für den Academy Award (USA), 1959; Golden Globe (USA), 1959.

IT HAPPENED TO JANE. MIT MIR NICHT, MEINE HERREN! – USA 1959. – Regie: Richard Quine. – Buch: Norman Katkov (nach der Geschichte »That Jane from Maine« von Norman Katkov und Max Wilk.) – Kamera: Charles Lawton, Jr. – Schnitt: Charles Nelson. – Musik: George Duning. – Bauten: Cary Odell. – Produktion: An Arwin Production. – Produzent: Richard Quine. – Länge: 98 M. (alternative Angabe: 128 M.). – Uraufführung: Mai 1959; deutsche Erstaufführung: 18.8.1959. – Darsteller: Jack Lemmon, Doris Day, Ernie Kovacs, Steve Forrest, Teddy Rooney, Russ Brown.
☐ Als Rechtsanwalt George Denham himmelt Lemmon Doris Day an, die als verwitwete, temperamentvolle Hum-

merzüchterin Jane Osgood sich in New England mit einem mächtigen Industrie-Boß anlegt und vor den Augen der Öffentlichkeit einen heroischen Gerechtigkeitskampf durchsteht. – Unter dem Titel TWINKLE AND SHINE und auf 90 Minuten gekürzt im Jahr darauf wiederveröffentlicht.

THE APARTMENT. DAS APPARTEMENT. – USA 1960. – Regie: Billy Wilder. – Buch: Billy Wilder, I.A.L. Diamond. – Kamera: Joseph LaShelle. – Schnitt: Daniel Mandell. – Musik: Adolph Deutsch. – Bauten: Alexander Trauner. – Produktion: A Mirisch Company Presentation. – Produzent: Billy Wilder. – Länge: 125 M. – Uraufführung: 19.5.1960; deutsche Erstaufführung: 16.9.1960. – Darsteller: Jack Lemmon, Shirley MacLaine, Fred MacMurray, Ray Walston, Jack Kruschen, Hope Holiday.
☐ »Ich wohne in den West Sixties, nur einen halben Häuserblock vom Central Park entfernt. Ich bezahle monatlich 84 Dollar Miete. Bis Juli vorigen Jahres waren es noch 80, aber dann hat meine Vermieterin, Mrs. Lieberman, eine gebrauchte Klimaanlage eingebaut. Es ist ein richtig nettes Appartment, nichts Aufregendes, aber doch gemütlich, gerade recht für einen Junggesellen. Es gibt nur ein Problem: Ich kann nicht immer hinein, wann ich möchte.« (Lemmon als Versicherungsangestellter C.C. Baxter im Off zu Beginn des Films)
Auszeichnungen: Preis der Society of Film and Television Arts (Großbritannien), 1960 (Bester ausländischer Darsteller); Nominierung für den Academy Award (USA), 1960; Golden Globe (USA), 1960.

PEPE. PEPE – WAS KANN DIE WELT SCHON KOSTEN?. – USA/Mexiko 1960. – Regie: George Sidney. – Buch: Claude Binyon, Dorothy Kingsley; Story von Leonard Spigelglass, Sonya Levien (nach dem Stück »Broadway Magic« von Ladislas Bush-Fekete). – Kamera: Joe MacDonald. – Schnitt: Viola Lawrence, Al Clark.- Musik: Johnny Green. – Bauten: Ted Haworth. – Produktion: George Sidney International/Posa Films International Production. – Produzent: George Sidney. – Länge: 195 M. – New Yorker Premiere: 22.12.1960; deutsche Erstaufführung: 24.3.1961. – Darsteller: Cantinflas (d.i. Mario Moreno Reyes), Dan Dailey, Shirley Jones, Ernie Kovacs, William Demarest, Tony Curtis, Jack Lemmon, Jimmy Durante, Kim Novak.
☐ Etwa 35 Gaststars (darunter auch Lemmon), alle auf gewisse Weise mit dem Columbia-Studio verbunden, treten nacheinander auf und garnieren so die einfache Geschichte eines mexikanischen Rancharbeiters, der einem klugen Pferd nach Hollywood nachreist.

LE VOYAGE EN BALLON. DIE REISE IM BALLON. – Frankreich 1960. – Regie: Albert Lamorisse. – Buch: Albert Lamorisse. – Kamera: Maurice Fellous, Guy Tabary, Albert Lamorisse. – Schnitt: Pierre Gillette. – Musik: Jean Prodromidès. – Bauten: Pierre Thévenet. – Produktion: Filmsonor S.A./Films Montsouris. – Länge: 82 M. (alternative Angabe: 100 M.). – Uraufführung: 14.9.1960, Paris; deutsche Erstaufführung: 27.10.1960; amerikanische Erstaufführung: 18.6.1962, New York. – Darsteller: Pascal Lamorisse, Maurice Baquet, André Gille.
□ Der Film über die Ballonreise eines Jungen wurde 1962 von Lemmons Firma Jalem in die USA importiert und in der amerikanischen Fassung unter dem Titel STOWAWAY IN THE SKY veröffentlicht. Lemmon spricht einen amerikanischen Text von S.N. Behrmann als Voice Over.

THE WACKIEST SHIP IN THE ARMY. AUF SCHRÄGEM KURS. – USA 1960. – Regie: Richard Murphy. – Buch: Richard Murphy; Adaptation der Geschichte »Big Fella Wash-Wash« von Herbert Carlson: Herbert Margolis, William Raynor. – Kamera: Charles Lawton, Jr. – Schnitt: Charles Nelson. – Musik: George Duning. – Bauten: Carl Anderson. – Produktion: A Fred Kohlmar Production. – Produzent: Fred Kohlmar. – Länge: 99 M. – Uraufführung: Dezember 1960; deutsche Erstaufführung: 21.3.1961. – Darsteller: Jack Lemmon, Ricky Nelson, John Lund, Tom Tully, Mike Kellin, Chips Rafferty.
□ »Mit Lemmon als Schiffsoffizier Crandall an Deck wird der Film sicherlich einige Lachstürme ernten; ohne ihn wäre er ganz gewiß längst untergegangen, ohne auch nur einmal zu gluckern.« (Time)

THE NOTORIOUS LANDLADY. NOCH ZIMMER FREI. – USA 1962. – Regie: Richard Quine. – Buch: Larry Gelbart, Blake Edwards (nach der Kurzgeschichte »The Notorious Tenant« von Margery Sharp, 1956). – Kamera: Arthur Arling. – Schnitt: Charles Nelson. – Musik: George Duning. – Bauten: Cary Odell. – Produktion: A Fred Kohlmar – Richard Quine Production. – Produzent: Fred Kohlmar. – Länge: 123 M. – New Yorker Premiere: 26.7.1962; deutsche Erstaufführung: 13.4.1962. – Darsteller: Kim Novak, Jack Lemmon, Fred Astaire, Lionel Jeffries, Estelle Winwood, Maxwell Reed.
□ Unerschrocken mietet Lemmon als amerikanischer Diplomat William Gridley in London eine Wohnung bei Carlyle Hardwicke (Novak) an, obwohl sie verdächtigt wird, ihren Mann ermordet zu haben. – »Vor allem hat Jack Lemmon seinen Typus seit THE APARTMENT verfeinert: den des verdrucksten Angestellten, dessen permanente Fehlleistungen seine selbstbewußten Reden subtil desavouieren.« (Enno Patalas, Filmkritik 5/1962)

THE DECLARATION OF INDEPENDENCE. – USA 1962. – Regie: Herbert Bernard.
□ Kurzer Werbefilm für die Mirisch Brothers Productions mit Lemmon als Erzähler.

DAYS OF WINE AND ROSES. STÄRKER ALS ALLE VERNUNFT/DIE TAGE DES WEINES UND DER ROSEN. – USA 1962. – Regie: Blake Edwards. – Buch: James P. Miller (nach seinem gleichnamigen Teleplay, 1958). – Kamera: Philip H. Lathrop. – Bauten: Joseph Wright. – Schnitt: Patrick McCormack. – Musik: Henry Mancini. – Produktion: A Martin Manulis Production/Jalem Productions. – Produzent: Martin Manulis. – Länge: 117 M. – Uraufführung: 26.12.1962, Los Angeles; deutsche Erstaufführung: 14.6.1963. – Darsteller: Jack Lemmon, Lee Remick, Charles Bickford, Jack Klugman, Alan Hewitt, Tom Palmer.
□ Karriere und Ehe des alkoholkranken Werbefachmannes Joe Clay (Lemmon) werden allmählich zugrunde gerichtet. – »Nur wenige Filme haben mir näher gestanden. Es gab anschließend nicht diese ewigen Sprüche von der Sorte: ›Ich habe Ihren letzten Film gesehen und sehr gemocht‹, wie es mir mit meinen Komödien regelmäßig geht. Die Leute haben sich wirklich Gedanken gemacht.« (Lemmon) Auszeichnungen: Nominierung für den Academy Award (USA), 1962; 11. Filmfestival San Sebastian (Spanien), 1963.

IRMA LA DOUCE. DAS MÄDCHEN IRMA LA DOUCE. – USA 1963. – Regie: Billy Wilder. – Buch: Billy Wilder, I.A.L. Diamond (nach dem gleichnamigen Bühnenstück von Alexandre Breffort, 1956). – Kamera: Joseph LaShelle. – Schnitt: Daniel Mandell. – Musik: André Previn, Marguerite Monnot. – Bauten: Alexander Trauner. – Produktion: A Phalanx Production. A Mirisch Company – Edward L. Alperson Presentation. – Produzent: Billy Wilder. – Länge: 142/149 M. (beide Angaben sind überliefert, häufig auch 147 M.) – Uraufführung: 5.6.1963, New York; deutsche Erstaufführung: 12.9.1963. – Darsteller: Shirley MacLaine, Jack Lemmon, Lou Jacobi, Bruce Yarnell, Herschel Bernardi, Hope Holiday.
□ Paris. Die Prostituierte Irma La Douce (MacLaine) sucht einen Beschützer. Ihre Wahl fällt auf den naiven Polizisten Nestor (Lemmon). Er verliebt sich in sie, obwohl er ihren Beruf gar nicht anständig findet. – »Mr. Lemmons lebhafte, agile Clownerien sind es, die den Film letztlich tragen.« (Bosley Crowther, The New York Times, 6.6.1963)

UNDER THE YUM-YUM TREE. EIN EHEBETT ZUR PROBE. – USA 1963. – Regie: David Swift. – Buch: David Swift, Lawrence Roman (nach dem gleichnamigen Büh-

UNDER THE YUM-YUM TREE

nenstück von Lawrence Roman, 1960). – Kamera: Joseph Biroc. – Schnitt: Charles Nelson. – Musik: Frank DeVol. – Bauten: Dale Hennesy. – Produktion: A Sonnis-Swift Company Production for Columbia. – Produzent: Frederick Brisson. – Länge: 110 M. – Uraufführung: 23.10.1963, Los Angeles; deutsche Erstaufführung: 21.2.1964. – Darsteller: Jack Lemmon, Carol Lynley, Imogene Coca, Dean Jones, Edie Adams, Paul Lynde.

☐ Der lüsterne Hauswirt Hogan (Lemmon) vermietet nur an junge Frauen. »Here Comes Jack And Those Yum-Yum Girls – With ›Yes-Yes‹ On Their Lips And Yum-Yum in Their Eyes.« (Filmplakat)

GOOD NEIGHBOR SAM. LEIH MIR DEINEN MANN. – USA 1964. – Regie: David Swift. – Buch: David Swift, James Fritzell, Everett Greenbaum (nach dem gleichnamigen Roman von Jack Finney, 1963). – Kamera: Burnett Guffey. – Schnitt: Charles Nelson. – Musik: Frank DeVol. – Bauten: Dale Hennesy. – Produktion: A David Swift Production for Columbia. – Produzent: David Swift. – Länge: 130 M. – Uraufführung: 22.7.1964, New York; deutsche Erstaufführung: 11.9.1964. – Darsteller: Jack Lemmon, Romy Schneider, Dorothy Provine, Edward G. Robinson, Michael Connors, Joyce Jameson.

☐ Um an eine Erbschaft zu gelangen, die allerdings ein glückliches Eheleben zur Bedingung macht, leiht sich Janet (Schneider) den Ehemann ihrer Freundin Minerva (Provine) aus: Sam (Lemmon) ersetzt so Janets früheren Mann Howard (Connors), von dem diese längst getrennt lebt. Eine Farce, eine Komödie, in Stil und Tonfall an Lubitsch angelehnt.

HOW TO MURDER YOUR WIFE. WIE BRINGT MAN SEINE FRAU UM?. – USA 1964/65. – Regie: Richard Quine. – Buch: George Axelrod. – Kamera: Harry Stradling. – Schnitt: David Wages. – Musik: Neal Hefti. – Bauten: Richard Sylbert. – Produktion: A Jalem Production/ Murder Inc.. – Produzent: George Axelrod. – Länge: 118 M. – Uraufführung: 26.1.1965, New York; deutsche Erstaufführung: 7.4.1965. – Darsteller: Jack Lemmon, Virna Lisi, Claire Trevor, Eddie Mayehoff, Terry-Thomas, Alan Hewitt.

☐ »Jack Lemmon, unverheirateter Comic-strips-Produzent, findet nach einer Junggesellenparty in seinem Bett eine ihm über Nacht angetraute Superblondine (Lisi), die nur italienisch spricht, das dafür um so schneller. Er möchte die hinreißend unsympathische Schönheits-Miß schnell wieder loswerden und läßt sie in seinen Comic strips einem perfekten Mord zum Opfer fallen. Die blonde Schönheit versteht das als Wink mit dem Zaunpfahl und verschwindet.« (Klaus Eder, Film 6/1965)

THE GREAT RACE. DAS GROSSE RENNEN RUND UM DIE WELT/DIE TOLLEN RENNER IN IHREN KNATTERNDEN KISTEN. – USA 1965. – Regie: Blake Edwards. – Buch: Arthur Ross (nach einer Originalgeschichte von Arthur Ross und Blake Edwards). – Kamera: Russell Harlan. – Schnitt: Ralph E. Winters. – Musik: Henry Mancini. – Bauten: Fernando Carrerre. – Produktion: A Patricia – Jalem – Reynard Production for Warner Brothers. – Produzent: Martin Jurow. – Länge: 163 M. (später gekürzt auf 153 bzw. 157 M.). – Uraufführung: 1.7.1965, Los Angeles; deutsche Erstaufführung: 9.12.1965. – Darsteller: Jack Lemmon, Tony Curtis, Natalie Wood, Peter Falk, Keenan Wynn, Arthur O'Connell.

☐ Lemmon ist der stets höhnende, zwirbelbärtige Schurke Fate, der mit seinem Adlatus Max (Falk) an der Seite versucht, ein Autorennen von New York nach Paris gegen den sympathischen Great Leslie (Curtis) mit allen Mitteln zu gewinnen. – Blake Edwards widmete den Film »Mr. Laurel and Mr. Hardy.« – »Wenn man kein gestörtes Verhältnis zur Vergangenheit hat und den Fortschrittsglauben im 19. Jahrhundert läßt, findet man, daß das Slapstick-Paar Tony Curtis und Jack Lemmon eine gute, gagproduzierende Kombination ist.« (Frieda Grafe, Süddeutsche Zeitung, 27.3.1971) Streit gab es zwischen Lemmon und Curtis über die Rangfolge bei den Credits.

THE FORTUNE COOKIE. DER GLÜCKSPILZ. – USA 1966. – Regie: Billy Wilder. – Buch: Billy Wilder, I.A.L. Diamond – Kamera: Joseph LaShelle. – Schnitt: Daniel Mandell. – Musik: André Previn. – Bauten: Robert Luthardt. – Produktion: A Phalanx – Jalem Production. A Mirisch Corporation Presentation. – Produzent: Billy Wilder. – Länge: 125 M. – Uraufführung: 19.10.1966, New York; deutsche Erstaufführung: 16.12.1966. – Darsteller: Jack Lemmon, Walter Matthau, Judi West, Ron Rich, Cliff Osmond, Lurene Tuttle, Sig Rumann. – Titel in England: MEET WHIPLASH WILLIE.

☐ »CBS-Kameramann Harry Hinkle (Lemmon) wird in Ausübung seines Berufs von dem farbigen Football-Star ›Boom Boom‹ Jackson (Rich) niedergerannt, ins Krankenhaus eingeliefert und von seinem Schwager Gingrich (Matthau) in die Zange genommen. Gingrich konstruiert aus der Football-Ohnmacht einen schweren Unfall. Sein Ziel: Versicherungsbetrug.« (Eckhart Schmidt, Film 2/1967) – »Hinter diesem Film spürt man Wilders Lehrer Lubitsch. Es geht um Schwindel, Lügerei, Fiktion, um die Realität und das Bild von ihr. Nur im Milieu bei Wilder ein paar Etagen tiefer als bei Lubitsch. (...) Ein Paar, das an Dick-und-Doof-Qualitäten heranreicht: Jack Lemmon und Walter Matthau.« (Frieda Grafe, Süddeutsche Zeitung, 12.1.1971)

LUV. VERSUCH'S DOCH MAL MIT MEINER FRAU. – USA 1967. – Regie Clive Donner. – Buch: Elliott Baker (nach dem gleichnamigen Stück von Murray Schisgal). – Kamera: Ernest Laszlo. – Schnitt: Harold F. Kress. – Musik: Gerry Mulligan. – Bauten: Albert Brenner. – Produktion: A Martin Manulis Production/Jalem. – Produzent: Martin Manulis. – Länge: 95 M. – Uraufführung: 26.7.1967, New York; deutsche Erstaufführung: 13.10.1967. – Darsteller: Jack Lemmon, Peter Falk, Elaine May, Eddie Mayehoff, Nina Wayne, Paul Hartman.

☐ Harry Berlin (Lemmon) ist zwar ein geborener Verlierer, wird aber von einem alten Klassenkameraden (Falk) vom Selbstmord abgehalten. Damit der Lebensretter seine Geliebte (Nina Wayne) heiraten kann, nimmt Harry dessen zunächst scheidungsunwillige Frau (Elaine May) zur Gemahlin – als Dank.

THE ODD COUPLE. EIN SELTSAMES PAAR. – USA 1968. – Regie: Gene Saks. – Buch: Neil Simon (nach seinem gleichnamigen Bühnenstück, 1965). – Kamera: Robert B. Hauser. – Schnitt: Frank Bracht. – Musik: Neal Hefti. – Bauten: Hal Pereira, Walter Tyler. – Produktion: A Howard W. Koch Production/Jalem. – Produzent: Howard W. Koch. – Länge: 105 M. – Uraufführung: 2.5.1968, New York; deutsche Erstaufführung: 16.8.1968. – Darsteller: Walter Matthau, Jack Lemmon, Carole Shelley, Monica Evans, Herbert Edelman, John Fiedler.

☐ Billy Wilder hätte diesen Film gern inszeniert, das Studio zog jedoch Gene Saks vor, der zuvor erfolgreich BAREFOOT IN THE PARK (gleichfalls nach Neil Simon) gedreht hatte und zudem finanziell weniger zu Buche schlug als Wilder. Matthau als schlampiger Oscar und Lemmon als peinlich-reinlicher Felix geben eine herrliche Altmänner-WG ab.

THERE COMES A DAY. – USA 1968. – Regie: Byron Morgan.

☐ Kurzfilm mit Lemmon als Erzähler.

THE APRIL FOOLS. EIN FROSCH IN MANHATTAN/ DARLING, LASS DICH SCHEIDEN. – USA 1969. – Regie: Stuart Rosenberg. – Buch: Hal Dresner. – Kamera: Michel Hugo. – Schnitt: Bob Wyman. – Musik: Marvin Hamlisch. – Bauten: Robert Luthardt, Richard Sylbert. – Produktion: A Cinema Center Films Presentation. A Jalem Production. – Produzent: Gordon Carroll. – Länge: 95 M. – Uraufführung: 28.5.1969, New York; deutsche Erstaufführung: 19.9.1969.- Darsteller: Jack Lemmon, Catherine Deneuve, Sally Kellerman, Peter Lawford, Jack Weston.

☐ Howard (Lemmon), ein einfacher Mann, hat eine Frau; Catherine (Deneuve), ziemlich reich, hat einen Mann. Bei soviel Gemeinsamkeit ist es kein Wunder, daß sie sich ineinander verlieben. Eine romantische Komödie in der Tradition eines Preston Sturges.

THE OUT-OF-TOWNERS. NIE WIEDER NEW YORK. – USA 1970. – Regie: Arthur Hiller. – Buch: Neil Simon. – Kamera: Andrew Laszlo. – Schnitt: Fred Chulack. – Musik: Quincy Jones. – Bauten: Charles Bailey, Walter Tyler. – Produktion: Jalem Productions. – Produzent: Paul Nathan. – Länge: 98 M. – Uraufführung: 28.5.1970, New York; deutsche Erstaufführung: 9.10.1970. – Darsteller: Sandy Dennis, Jack Lemmon, Sandy Baron, Anthony Holland, Anne Meara, Paul Dooley.

☐ »Neil Simon, derzeit produktivster und erfolgreichster Komödienschreiber (BARFUSS IM PARK, EIN SELTSAMES PAAR), hat nichts ausgelassen. Er hetzt Jack Lemmon und Sandy Dennis von einer Zivilisationskatastrophe in die andere. Aus Godards WEEK-END hat er eine pointengespickte Galgenhumoreske, eine wahnwitzige Odyssee durch den modernen way of life gemacht (...).« (Wolfgang Limmer, Fernsehen und Film, 1/1971) – Die Geschichte eines – männlichen – Paares als ungleiche Reisegefährten wurde 1987 von John Hughes in PLANES, TRAINS AND AUTOMOBILES neuerlich aufgegriffen.

KOTCH. OPA KANN'S NICHT LASSEN/OPA KOTCH – MIT VOLLDAMPF AUS DER SACKGASSE. – USA 1971. – Regie: Jack Lemmon. – Buch: John Paxton (nach dem gleichnamigen Roman von Katharine Topkins). – Kamera: Richard H. Kline. – Schnitt: Ralph Winters. – Musik: Marvin Hamlisch. – Bauten: Jack Poplin. – Produktion: A »Kotch« Company Production/Jalem. An ABC Pictures Corporation Presentation. – Produzent: Richard Carter. – Länge: 114 M. – Uraufführung: 30.9.1971, New York; deutsche Erstaufführung: 23.10.1978 (Fernsehen der DDR). – Darsteller: Walter Matthau, Deborah Winters, Felicia Farr, Charles Aidman, Ellen Geer.

☐ Der 72jährige Joseph P. Kotcher (Matthau) hat, bevor er in ein Altersheim abgeschoben werden kann, ein Erlebnis mit einer jungen Frau, der er bis zur Geburt ihres Kindes hilft. Ursprünglich sollte Fredric March den Kotch spielen, doch sein fortgeschrittenes Alter hinderte ihn daran. – Lemmons erste und einzige Regiearbeit wurde mit einem geringen Budget und der Hilfe von vielen Freunden und Familienmitgliedern produziert. Lemmon hat einen kleinen Auftritt als Fremder im Bus.

Auszeichnung: Nominierung für den Academy Award (USA), 1971 (Beste Tongestaltung).

THE WAR BETWEEN MEN AND WOMEN. DER KRIEG ZWISCHEN MÄNNERN UND FRAUEN. – USA 1972. – Regie: Melville Shavelson. – Buch: Melville Shavelson, Danny Arnold (angeregt durch Texte und Zeichnungen von James Thurber, darunter »The Last Flower«). – Kamera: Charles F. Wheeler. – Schnitt: Frank Bracht. – Musik: Marvin Hamlisch. – Bauten: Stan Jolley. – Produktion: A Cinema Center Films Presentation/Jalem. – Produzent: Danny Arnold. – Länge: 110 M. – Uraufführung: 1.6.1972, New York; deutsche Erstaufführung: August 1973. – Darsteller: Jack Lemmon, Barbara Harris, Jason Robards, Herb Edelman, Lisa Gerritsen, Moosie Drier, Lisa Eilbacher.

☐ Sein Augenlicht schwindet, er haßt Frauen, Kinder und Tiere: Trotzdem heiratet der miesepetrige Cartoonist Peter Wilson (Lemmon) eine geschiedene Frau (Harris) mit drei Kindern und einem ständig trächtigen Köter.

AVANTI!. AVANTI, AVANTI. – USA 1972. – Regie: Billy Wilder. – Buch: Billy Wilder, I.A.L. Diamond (nach dem gleichnamigen Bühnenstück von Samuel Taylor). – Kamera: Luigi Kuveiller, Mario Damicelli. – Schnitt: Ralph E. Winters. – Musik: Carlo Rustichelli. – Bauten: Ferdinando Scarfiotti. – Produktion: A Phalanx – Jalem Production. A Mirisch Corporation Presentation. – Produzent: Billy Wilder. – Länge: 144 M. – Uraufführung: 17.12.1972, New York; deutsche Erstaufführung: 20.12.1973. – Darsteller: Jack Lemmon, Juliet Mills, Clive Revill, Edward Andrews, Gianfranco Barra, Franco Angrisano.

☐ »AVANTI beginnt mit einer typischen Wilder-Situation von genüßlich ausgekosteter Geschmacklosigkeit: einem Spiel um Leichen, die überführt werden sollen, aber entführt werden. Was sich zunächst fortsetzt als liebevolle Karikierung italienischer Mentalität, wird bald zum Ausflug ins frivole Lubitsch-Territorium eines verqueren Liebesverhältnisses (Jack Lemmon, Juliet Mills) und endet in einem furiosen Finale ätzenden Spottes.« (Helmut W. Banz, Kölner Stadt-Anzeiger, 6.1.1990)
Auszeichnung: Golden Globe (USA), 1972.

SAVE THE TIGER. SAVE THE TIGER/RETTET DEN TIGER (Fernsehen). – USA 1973. – Regie: John G. Avildsen. – Buch: Steve Shagan. – Kamera: James Crabe. – Schnitt: David Bretherton. – Musik: Marvin Hamlisch. – Bauten: Jack Collis. – Produktion: A Filmways – Jalem – Cirandinha Production. – Produzent: Steve Shagan. – Länge: 100 M. – Uraufführung: 14.2.1973, New York; deutsche Erstaufführung: Februar/März 1977. – Darsteller: Jack Lemmon, Patricia Smith, Jack Gilford, Laurie Heineman, Norman Burton, Biff Elliott.

☐ »Lemmon spielt einen verkniffenen, schmallippigen Selfmademan, der vor dem Ruin steht und durch einen Versicherungsbetrug sein Unternehmen zu retten versucht. Harry Stoner, der Durchschnittsamerikaner, will zwar seine Textilfabrik erhalten, aber in jeder sorgenfreien Sekunde spricht er von Baseball und versinkt in seinen Jugendträumen, denn Harry Stoner ist ein unglücklicher Amerikaner: jovial, aber in entscheidenden Momenten kalt isoliert. Außer dem alltäglichen Wechselspiel von Glück und Pech im Geschäft sind ihm nur noch vergilbte Erinnerungen geblieben. Der Tiger steckt im grauen Anzug.« (Thomas Petz, Süddeutsche Zeitung, 30.1.1976) – Bereits während der Dreharbeiten zu THE APRIL FOOLS wurde Lemmon das Drehbuch zu SAVE THE TIGER angeboten.
Auszeichnung: Academy Award (USA), 1973 (Bester Darsteller).

WEDNESDAY. – USA 1973/74. – Regie: Marvin Kupfer. – Buch: Barbara Witus, Marvin Kupfer. – Kamera: Irv Goodnoff. – Schnitt: Michael Jablow, Barbara Noble. – Produktion: Sponsored by the American Film Institute's Center for Advanced Film Studies. – Produzent: Marvin Kupfer. – Länge: 17 M. – Darsteller: Jack Lemmon, Biff Elliot, Ron Gold, Gene Weed.

☐ Erstlings-Kurzfilm des Filmstudenten Kupfer mit Lemmon in der Rolle des unverantwortlichen Radiomoderators Jerry Murphy, der Hausfrauen auffordert, in seiner Sendung ihre Eheprobleme auszubreiten.

THE FRONT PAGE. EXTRABLATT. – USA 1974. – Regie: Billy Wilder. – Buch: Billy Wilder, I.A.L. Diamond (nach dem gleichnamigen Bühnenstück von Ben Hecht und Charles MacArthur).- Kamera: Jordan S. Cronenweth. – Schnitt: Ralph E. Winters. – Musik: Billy May. – Bauten: Henry Bumstead, Henry Larrecq. – Produktion: Universal Pictures. – Produzent: Paul Monash. – Länge: 105 M. – Uraufführung: 18.12.1974, New York; deutsche Erstaufführung: 27.3.1975. – Darsteller: Jack Lemmon, Walter Matthau, Carol Burnett, Susan Sarandon, Allen Garfield, Charles Durning, Vincent Gardenia.

☐ Hildy Johnson (Lemmon), Starreporter des ›Chicago Examiner‹, kündigt vor seinem neuesten Auftrag, über eine Hinrichtung zu berichten. »Er hat vor zu heiraten und Werbetexter zu werden. Walter Burns (Matthau) versucht mit allen nur möglichen Tricks, die diesem galligen Misanthropen einfallen, Hildy den Job aufzuhalsen. Daraus entwickelt sich eine hinterhältige, schlagfertige Komödie, durch die Pikanterie gewürzt, daß der harmlos doofe Mörder eher aus Zufall aus dem Gefängnis ausbricht und die gesamte Polizei in hellen Aufruhr bringt, während Hildy, das Glückskind, ihn gerade im Presseraum verstecken kann. Freilich tut er das nicht aus Sympathie, sondern weil ein Exklusivinterview mit dem Opfer so kurz vor der Hinrichtung einen einmaligen Aufhänger abgibt.« (Wolfgang Limmer, Süddeutsche Zeitung, 27./28.3.1975) – Zuvor

Avanti!

wurde der Stoff zweimal verfilmt: 1931 als THE FRONT PAGE (Regie: Lewis Milestone) und 1940 als HIS GIRL FRIDAY (Regie: Howard Hawks).

Auszeichnung: David di Donatello-Preis (Italien), 1974/75.

IS SOMEONE THERE?. – USA 1974.
□ Kurzfilm für United Way of America.

THE PRISONER OF SECOND AVENUE. DAS NERVENBÜNDEL. – USA 1974/75. – Regie: Melvin Frank. – Buch: Neil Simon (nach seinem gleichnamigen Stück). – Kamera: Philip Lathrop. – Schnitt: Bob Wyman. – Musik: Marvin Hamlisch. – Bauten: Preston Ames. – Produktion: A Melvin Frank Production. – Produzent: Melvin Frank. – Länge: 98 M. – Uraufführung: 14.3.1975, New York; deutsche Erstaufführung: 30.5.1975. – Darsteller: Jack Lemmon, Anne Bancroft, Gene Saks, Elizabeth Wilson, Florence Stanley, F. Murray Abraham, Maxine Stuart, Sylvester Stallone.
□ »Szenen aus dem Alltag eines Paares, in dessen Mittelklasse-Leben der Autor das Total an Erscheinungen, an Widrigkeiten und Auswüchsen projiziert, die im Bewußtsein vorab des europäischen Zuschauers das düstere Bild der kaputten Betonwüste New York und ihrer kaputten Bewohner prägen. Der Werbefachmann Mel Edison (den ein ungebändigter Jack Lemmon mitunter viel zu laut gibt) ist einer von ihnen, und ihm widerfährt so ziemlich alles, was das Leben zur Hölle macht.« (Balts Livio, Neue Zürcher Zeitung, 17.9.1975)

THE GENTLEMAN TRAMP. CHARLIE CHAPLIN: DIE GESCHICHTE MEINES LEBENS/CHARLES CHAPLIN: GENTLEMAN-TRAMP. – USA 1973-75. – Regie: Richard Patterson/Peter Bogdanovich. – Buch: Richard Patterson. – Kamera: Nestor Almendros. – Schnitt: Richard Patterson. – Musik: Charles Chaplin. – Produktion: An Audjeff Inc. film /A Tinc Productions Corporation Production. – Produzent: Bert Schneider. – Darsteller: Charlie Chaplin, Oona O'Neill; Erzähler: Walter Matthau, Laurence Olivier, Jack Lemmon. – Länge: 78 M. – Aufführung: 3.3.1975 (Interessentenvorführung); deutsche Erstaufführung: 26.4.1977.
□ Jack Lemmon ist während der Academy Award-Verleihung an Chaplin (»Ehren-Oscar«) am 10.4.1972 zu sehen. – Peter Bogdanovich war zu Beginn des Projekts federführend; lediglich eine unter seiner Regie entstandene Einstellung verblieb im fertigen Film.

THE ENTERTAINER. DER ENTERTAINER. – USA 1976. – Regie: Donald Wrye. – Buch: Elliott Baker (nach dem gleichnamigen Stück von John Osborne, 1957). – Kamera:

James Crabe. – Schnitt: William H. Reynolds, Ralph Winters. – Musik: Marvin Hamlisch. – Bauten: Bob MacKichan. – Produktion: A Stigwood Production, in association with Persky-Bright Organization/ITV. – Produzent: Beryl Vertue, Marvin Hamlisch. – Länge: 105 M. – Uraufführung: 10.3.1976, NBC; deutsche Erstaufführung: 16.6.1978, ARD. – Darsteller: Jack Lemmon, Ray Bolger, Sada Thompson, Tyne Daly, Michael Cristofer, Annette O'Toole.
□ »Jede Nuance auskostend, spielt Lemmon den zynischen Part des alternden, resignierenden Entertainers Archie Rice, der in einer abgewirtschafteten Music-Hall angewidert seine Späße mit den ›Gütern‹ der Nation macht, vor einem Publikum, dessen Zahl meist kleiner ist als die der Mitwirkenden auf der Bühne.« (Rolf-Ruediger Hamacher, film-dienst, Nr. 12, 6.6.1978) – Als Regisseur war ursprünglich John G. Avildsen vorgesehen. Für das US-Fernsehen produziert, in einigen europäischen Ländern aber auch im Kino gezeigt.

Auszeichnung: Nominierung für den Emmy Award (USA), 1976.

ALEX AND THE GYPSY. LIEBE UND ANDERE VERBRECHEN. – USA 1976. – Regie: John Korty. – Buch: Lawrence B. Marcus (nach der Novelle »The Bailbondsman« von Stanley Elkin). – Kamera: Bill Butler. – Schnitt: Donn Cambern. – Musk: Henry Mancini. – Bauten: Bill Malley. – Produktion: A Richard Shepherd – John Korty Production. – Produzent: Richard Shepherd. – Länge: 99 M. – New Yorker Premiere: 3.10.1976; deutsche Erstaufführung: 6.5.1977. – Darsteller: Jack Lemmon, Geneviève Bujold, James Woods, Gino Ardito, Robert Emhardt, Todd Martin.
□ »Jack Lemmon bereitet mit zunehmenden Jahren seinen Abmarsch aus dem ausschließlichen Komödiengenre vor – demnächst wird man ihn in einer ›ernsten‹ Rolle in einem Katastrophenfilm sehen. In diesem Film von John Korty nimmt er noch eine Art Zwitterposition zwischen grimassierendem Komiker und Charakterdarsteller ein. Lemmon hat eine Figur zu spielen, für die es in Deutschland nichts Vergleichbares gibt: einen Kautionsbürgen. Das ist jemand, der in Auslegung des amerikanischen Strafrechts gegen Gebühr Kaution für minderbemittelte Untersuchungshäftlinge stellt – und hofft, daß sie bis zur Verhandlung nicht abgehauen sind.« (Sven Hansen, Die Welt, 19.7.1977)

AIRPORT '77. VERSCHOLLEN IM BERMUDA-DREIECK. – USA 1977. – Regie: Jerry Jameson. – Buch: Michael Scheff, David Spector (nach einer Story von H.A.L. Craig und Charles Kuenstle, inspiriert von dem Film AIRPORT und dem gleichnamigen Roman von Arthur Hailey). – Kamera: Philip Lathrop. – Schnitt: Edward Biery. – Musik:

John Cacavas. – Bauten: George C. Webb. – Produktion: A Jennings Lang Production. – Produzent: William Frye. – Länge: 114 M. – Uraufführung: 25.5.1977; deutsche Erstaufführung: 11.8.1977. – Darsteller: Lee Grant, James Stewart, Jack Lemmon, Brenda Vaccaro, Joseph Cotten, Olivia de Havilland, Christopher Lee, M. Emmett Walsh, George Kennedy, Chris Lemmon.

☐ In der Luft-Wasser-Kombination aus verschiedenen Katastrophenfilmen kann auch Flugkapitän Gallagher (Lemmon) nicht die Entführung seiner Maschine verhindern. – Lemmons Sohn Chris gibt sein Filmdebüt. In einer Fernsehfassung, die zusätzliches Material enthält, hat der Film eine Länge von 177 M.

THE CHINA SYNDROME. DAS CHINA-SYNDROM. – USA 1978. – Regie: James Bridges. – Buch: James Bridges, Mike Gray, T.S. Cook. – Kamera: James Crabe. – Schnitt: David Rawlins. – Musik: Stephen Bishop. – Bauten: George Jenkins. – Produktion: A Michael Douglas/IPC Films Production. – Produzent: Michael Douglas. – Länge: 122 M. – Uraufführung: 15.3.1979, New York; deutsche Erstaufführung: 21.2.1980. – Darsteller: Jane Fonda, Jack Lemmon, Michael Douglas, Scott Brady, James Hampton, Peter Donat.

☐ Ein Thriller über eine Fast-Katastrophe in einem Atomkraftwerk. Drei Wochen nach dem Filmstart passierte in Harrisburg, was der Film beschreibt. Lemmon ist der Nuklear-Techniker Jack Godell.

Auszeichnungen: David di Donatello-Preis (Italien), 1979/80; Preis der Society of Film and Television Arts (Großbritannien), 1979 (Bester Darsteller); Nominierung zum Academy Award (USA), 1979; Filmfestival Cannes (Frankreich), 1979 (Bester Darsteller).

KEN MURRAY SHOOTING STARS. – USA 1979. – Regie: Ken Murray. – Buch: Bette Lou Murray, Helen Rackin. – Kamera: Ken Murray. – Schnitt: Ken Murray, Paul Vitella. – Musik: Richard LaSalle. – Produktion: A Royal Oak Film Corporation release. – Produzent: Ken Murray. – Länge: 95 M. – Aufführung: 10.7.1979, Los Angeles (Interessentenvorführung).

☐ Zu sehen sind 126 Hollywood-Stars, die der Komiker Ken Murray über einen Zeitraum von mehr als 50 Jahren in Home Movies verewigt hat – darunter Jack Lemmon. – »Die meisten Aufnahmen zeigen die Stars, wie sie in die Kamera lachen, eine lächerliche Figur machen oder überhaupt nichts tun.« (Todd McCarthy, Variety, 25.7.1979)

PORTRAIT D'UN HOMME À 60% PARFAIT: BILLY WILDER. PORTRAIT OF A ›60% PERFECT MAN‹: BILLY WILDER. – Frankreich 1980. – Regie: Annie Tresgot; Interviews: Michel Ciment. – Kamera: Gary Graver. – Kamera: François Ceppi. – Produktion: Janus Film/Action Film Production. – Länge: 58 M. – Uraufführung: 17.5.1980, Cannes Filmfestival (außer Konkurrenz, Sektion ›Un Certain Regard‹). – Darsteller: Billy Wilder, Jack Lemmon, Walter Matthau, I.A.L. Diamond, Michel Ciment (Interviews).

☐ Die Aufnahme eines offen geführten, unterhaltsamen und scharfsinnigen Interviews mit Billy Wilder über sein Leben in Deutschland und im erzwungenen Exil sowie über seine Arbeit. Auch die Schauspieler Jack Lemmon und Walter Matthau sowie der Drehbuchautor Diamond werden befragt.

TRIBUTE. EIN SOMMER IN MANHATTAN. – Kanada 1980. – Regie: Bob Clark. – Buch: Bernard Slade (nach seinem gleichnamigen Bühnenstück). – Kamera: Reginald H. Morris. – Schnitt: Richard Halsey. – Musik: Ken Wanberg, Barry Manilow, Jack Lemmon, Alan Jay Lerner. – Bauten: Trevor Williams, Reuben Freed, Robert Gundlach. – Produktion: The Turman-Foster Company Production/ Richard S. Bright. – Produzent: Joel B. Michaels, Garth H. Drabinsky. – Länge: 124 M. – New Yorker Premiere: 13.12.1980; Kinostart: Dezember 1980 (begrenzt), Februar 1981 (landesweit); deutsche Erstaufführung: Februar 1981, Internationale Filmfestspiele Berlin; deutscher Kinostart: 13.3.1981. – Darsteller: Jack Lemmon, Robby Benson, Lee Remick, Colleen Dewhurst, Kim Cattrall, Gale Garnett.

☐ 1978 spielte Lemmon die Rolle des ehemaligen Hollywood-Drehbuchautors und nun als PR-Mann abgespeisten Scottie Templeton bereits am Broadway. Dieser krebskranke Mann, der seine unablässige Komik wie einen Schutzschild vor sich herträgt, hat vor allem Probleme mit seinem introvertierten Sohn, der ihn nach langer Zeit wieder in Manhattan besucht. – Lemmon komponierte zusammen mit Alan Jay Lerner das Klavierthema des Stücks »It's All for the Best«.

Auszeichnungen: ›The Genies‹, Academy of Canadian Cinema and Television, 1980; Nominierung zum Academy Award (USA), 1980; Silberner Berliner Bär der Internationalen Filmfestspiele Berlin, 1981 (Bester Darsteller).

BUDDY BUDDY. BUDDY BUDDY. – USA 1981. – Regie: Billy Wilder. – Buch: Wilder, I.A.L. Diamond (nach der Story, dem Bühnenstück und dem Film »L'Emmerdeur« von Francis Veber). – Kamera: Harry Stradling, Jr. – Schnitt: Argyle Nelson. – Musik: Lalo Schifrin. – Bauten: Daniel A. Lomino. – Produktion: A Bernheim/Weston Production. – Produzent: Jay Weston. – Länge: 96 M. – Uraufführung: 11.12.1981; deutsche Erstaufführung: 1.4.

1982. – Darsteller: Walter Matthau, Jack Lemmon, Paula Prentiss, Klaus Kinski, Dana Elcar, Miles Chapin.

☐ Matthau ist ein Killer, Lemmon ein verzweifelter Kleinbürger. »MANCHE MÖGEN'S HEISS hat Billy Wilder gemacht, DAS MÄDCHEN IRMA LA DOUCE und viele andere Filme. Jack Lemmon war fast immer dabei und selbstverständlich war er immer der gleiche. Er benötigt dazu nur den harten, wirklichen Mann, den Killer beispielsweise, als Gegenspieler, um unmißverständlich und in voller Bewegungsfreiheit Waschlappen und Tolpatsch sein zu können. In BUDDY BUDDY bestreitet dieser tiefschürfende Gegensatz denn auch von vorne bis hinten das Kinovergnügen.« (Michael Kötz, Frankfurter Rundschau, 2.4.1982)

MISSING. VERMISST. – USA 1982. – Regie: Constantin Costa-Gavras. – Buch: Constantin Costa-Gavras, Donald Stewart (nach dem Roman »The Execution of Charles Horman. An American Sacrifice« von Thomas Hauser). – Kamera: Ricardo Aronovich. – Schnitt: Françoise Bonnot. – Musik: Vangelis. – Bauten: Peter Jamison, Augustin Ytuarte, Lucero Isaac. – Produktion: An Edward Lewis Production. A Polygram Presentation. – Produzent: Edward und Mildred Lewis. – Länge: 122 M. – Kinostart: 12.2.1982 (begrenzt), März 1982 (landesweit); deutsche Erstaufführung: 13.8.1982. – Darsteller: Sissy Spacek, Jack Lemmon, Melanie Mayron, John Shea, Charles Cioffi, Richard Venture.

☐ Ein Film nach tatsächlichen Ereignissen: Ed Horman (Lemmon) sucht seinen in Chile unmittelbar nach dem Militärputsch im September 1973 verschwundenen und dann ermordeten Sohn. »Ich habe mit (...) Wut im Bauch die Rolle gespielt.« (Lemmon, nach Neues Deutschland, 9.9.1983)
Auszeichnungen: Nominierung zum Academy Award (USA), 1982; Filmfestival Cannes (Frankreich), 1982 (Bester Darsteller).

MASS APPEAL. DIE AUSEINANDERSETZUNG. – USA 1984. – Regie: Glenn Jordan. – Buch: Bill C. Davis (nach seinem gleichnamigen Bühnenstück). – Kamera: Don Peterman. – Schnitt: John Wright. – Musik: Bill Conti. – Bauten: Philip Jeffries. – Produktion: A Turman-Foster Company Production in Association with Jalem Productions. An Operation Cork Presentation. – Produzent: Lawrence Turman, David Foster. – Länge: 100 M. – Uraufführung: 6.12.1984; deutsche Erstaufführung: 17.5.1985. – Darsteller: Jack Lemmon, Zeljko Ivanek, Charles Durning, Louise Latham, James Ray, Alice Hirson.

☐ »Lemmon ist jetzt sechzig Jahre alt, ein in Erfahrung und psychologischer Subtilität gründender Charakterschauspieler. In MASS APPEAL, dessen Schauplatz ein katholisches Priesterseminar und eine sehr wohlhabende Pfarrei sind, zeigt er einen älteren Gemeindepfarrer, der sich in seinem Pfründenbesitz behaglich eingerichtet hat, nun aber, unerwartet, von einem Diakon, einem jungen angehenden Priester (Ivanek), der sich dem Wort des Evangeliums fundamental verpflichtet fühlt, herausgefordert wird. (...) Was dieses Schauspielers großartige Leistung schon immer war, hier kann man es noch einmal mit ansehen: wie er seinen Charakter sehr genau auf die Linie stellt, die zwischen jenen beiden Möglichkeiten und Extremen in der Mitte verläuft; wie er die Spannung spürbar macht – bis in die kleinste Gebärde, bis in den geringsten mimischen Ausdruck hinein –, die er in sich austrägt; und wie diese Spannung sich so sehr steigert, daß der Umbruch des ganzen Mannes nicht ausbleiben kann. Das erschüttert dann: dieses Innewerden, vor der Gemeinde, der Tragweite seiner moralischen Verantwortung, die er seiner Gutmütigkeit und seinem Liebesbedürfnis geopfert hat.« (Martin Schlappner, Neue Zürcher Zeitung, 12.5.1985) – Der Film lief in den USA nur im kleinen Rahmen an, er wurde niemals landesweit gestartet.

MACCHERONI. MACARONI. – Italien 1985. – Regie: Ettore Scola. – Buch: Ruggero Maccari, Furio Scarpelli, Ettore Scola. – Kamera: Claudio Ragona. – Schnitt: Carla Simoncelli. – Musik: Armando Trovaioli. – Bauten: Luciano Ricceri. – Produktion: Filmauro/Massfilm. – Produzent: Luigi und Aurelio De Laurentiis, Franco Committeri. – Länge: 106 M. – italienische Uraufführung: 24.10.1985; deutsche Erstaufführung: 13.11.1986. – Darsteller: Jack Lemmon, Marcello Mastroianni, Daria Nicolodi, Isa Danieli, Maria Luisa Santella, Bruno Esposito.

☐ »Bestimmt wird das Geschehen von zwei älteren Männern, die sich vierzig Jahre nach Kriegsende in Neapel wiedertreffen: Robert Traven (Lemmon), heute ein erfolgreicher Manager eines amerikanischen Flugzeugkonzerns, und Antonio Jasiello (Mastroianni), ein bescheidener Archivar in den mit jahrhundertealten Kontobüchern vollgestopften Kellern einer neapolitanischen Bank (...). Lemmon bringt in den Film des Italieners den ganzen Reichtum seiner komödiantischen Fähigkeit mit ein. Die Rolle, in der er sich bewegt, scheint ihm obendrein von Scola auf den Leib geschrieben.« (Boe., Neue Zürcher Zeitung, 13.2. 1986) – Der Film »wurde in Italien und im Ausland in drei verschiedenen Versionen gezeigt. Die vollständig italienisch gesprochene lief auf dem inländischen Markt. Die englische Version wurde ab Anfang November [1985] von der ›Paramount‹ verteilt. In der dritten Version sprechen Jack Lemmon in Englisch und Mastroianni einmal auf Napoletanisch, dann wieder auf Englisch im Duett

MACCHERONI

mit Lemmon. Diese Version, die der Erzähllogik folgt, ist natürlich die am wenigsten verbreitete.« (Matilde Hochkofler: Marcello Mastroianni. Das süße Leben. Weinheim/Berlin 1993)

THAT'S LIFE!. THAT'S LIFE – SO IST DAS LEBEN. – USA 1986. – Regie: Blake Edwards. – Buch: Milton Wexler, Blake Edwards. – Kamera: Anthony B. Richmond. – Schnitt: Lee Rhoads. – Musik: Henry Mancini. – Bauten: Tony Marando. – Produktion: A Blake Edwards Production. A Paradise Cove – Ubilam Production. – Produzent: Tony Adams. – Länge: 102 M. – Uraufführung: 26.9.1986, New York; deutsche Erstaufführung: 23.4.1987. – Darsteller: Jack Lemmon, Julie Andrews, Sally Kellerman, Robert Loggia, Jennifer Edwards, Chris Lemmon, Felicia Farr.

☐ »Jack Lemmon ist ein erfolgreicher Architekt. Er baut für die reichen Öl- und Filmknülche überkandidelte Traumhäuser am Pazifik. Früher hatte er noch Rosinen im Kopf. Er wollte ein ›zweiter Frank Lloyd Wright‹ werden. Er wurde ein betuchter Modearchitekt. Das wurmt ihn. Jetzt soll er seinen 60. Geburtstag feiern. Er klopft sich an die Brust: Er sei, genaugenommen, ein Versager. Zudem ist er ein nervöser Hypochonder. (...) Eine Paraderolle für Jack Lemmon. Er spielt sie herzzerbrechend komisch. Er brilliert in selbstzerstörerischen Pointen, ein brillanter Komiker, immer mit dem Doppelgriff zwischen Rührung und völliger Albernheit. (Und nebenbei: Wie unser Georg Thomalla ihn akustisch ›eindeutscht‹, ist wieder eine ähnlich brillante Leistung. Muß ja auch mal gesagt werden dürfen!)« (Friedrich Luft, Die Welt, 5.5.1987)

THE MURDER OF MARY PHAGAN. MARYS MÖRDER/DIE BALLADE VON MARY PHAGAN (Video)/EINE STADT WIRD ZUM MÖRDER (Fernsehen der DDR)/DER FALL MARY PHAGAN (Privatfernsehen). – USA 1988. – Regie: Billy Hale. – Buch: Jeffrey Lane, George Stevens, Jr. (nach einer Story von Larry McMurtry). – Kamera: Nic Knowland. – Schnitt: John A. Martinelli. – Musik: Maurice Jarre. – Bauten: Vaughn Edwards, Penny Hadfield. – Produktion: A George Stevens, Jr. Production/Century Towers/Orion Television Productions. – Produzent: George Stevens, Jr. – Länge: 240 M. – Uraufführung: 24./26.1. 1988, NBC (zwei Teile); deutsche Erstaufführung: März 1989 (Videostart; Länge: 223 M.); 10./11.8.1990, DFF 2 (zwei Teile; Sendelänge Teil 1: 120 M., Teil 2: 115 M.). – Darsteller: Jack Lemmon, Richard Jordan, Robert Prosky, Peter Gallagher, Kathryn Walker, Rebecca Miller, Kevin Spacey.

☐ »Die Ermordung von Mary Phagan ist ein authentischer Kriminalfall aus dem Jahre 1913. (...) Kinderarbeit ist in Atlanta an der Tagesordnung. Mary arbeitet in einer Blei-stiftfabrik. Eines Tages findet man sie erwürgt und vergewaltigt im Keller der Fabrik. Sehr schnell gerät der junge Betriebsleiter Leo Frank unter Verdacht (...). Der wirkliche Hergang der Tat bleibt (...) bis zum Ende im Dunkeln. Natürlich besteht kein echter Zweifel an Franks Unschuld, aber dank des verhaltenen Spiels von Robert Prosky (Frank) und Jack Lemmon (Gouverneur Slaten) halten sich Märtyrer- und Heldentum in engen Grenzen.« (Peter Strotmann, film-dienst, Nr. 9, 3.5.1989)

DAD. DAD. – USA 1989. – Regie: Gary David Goldberg. – Buch: Gary David Goldberg (nach dem gleichnamigen Roman von William Wharton). – Kamera: Jan Kiesser. – Schnitt: Eric Sears. – Musik: James Horner. – Bauten: Jack DeGovia, John R. Jensen. – Produktion: Amblin Entertainment. – Produzent: Joseph Stern, Gary David Goldberg. – Länge: 117 M. – Uraufführung: 27.10.1989; deutsche Erstaufführung: 8.3.1990. – Darsteller: Jack Lemmon, Ted Danson, Olympia Dukakis, Kathy Baker, Kevin Spacey, Ethan Hawke.

☐ »Der Herzinfarkt seiner Mutter (Dukakis) führt den smarten Erfolgsmanager John Tremont (Danson) zurück ins elterliche Haus. Dort kümmert er sich um seinen hilflosen Vater Jake. Mit Augen fast ohne Weiß spielt Jack Lemmon die 78jährige Titelfigur, unfähig, sich seinen Pyjama alleine anzuziehen. Dank Johns Fürsorge lebt er langsam wieder auf, mit einer zerbrechlichen Fröhlichkeit, hinter der man den Tod spürt. (...) Lemmons Darstellung erschüttert auf sanfte Art, vielleicht auch deshalb, weil er in und mit seinen Filmen gealtert ist, so daß sein quecksilbriger Zynismus früherer Jahrzehnte immer dabei ist.« (Rüdiger Schmitz-Normann, Kölner Stadt-Anzeiger, 11.3.1990)

J.F.K. JOHN F. KENNEDY – TATORT DALLAS. – USA 1991. – Regie: Oliver Stone. – Buch: Oliver Stone, Zachary Sklar (nach den Büchern »On the Trail of the Assassins« von Jim Garrison und »Crossfire: The Plot That Killed Kennedy« von Jim Marrs). – Kamera: Robert Richardson. – Schnitt: Joe Hutshing, Pietro Scalia. – Musik: John Williams. – Bauten: Victor Kempster, Derek R. Hill. – Produktion: Warner Bros/Camelot Productions/Regency Enterprises/Alcor Films/Le Studio Canal +/Ixtlan. – Produzent: A. Kitman Ho, Oliver Stone. – Länge: 189 M. – Uraufführung: 20.12.1991; deutsche Erstaufführung: 23.1.1992. – Darsteller: Kevin Costner, Tommy Lee Jones, Gary Oldman, Jay O. Saunders, Sissy Spacek, Jack Lemmon, Laurie Metcalf, Ed Asner, Brian Doyle-Murray, Joe Pesci.

☐ »Die Bilder des Attentats, wenn Kennedy auf dem Rücksitz seiner offenen Limousine tödlich getroffen zusammensinkt, sind das Startsignal für Stones Filmhandlung. Am

Abend dieses 22. November 1963 wird in New Orleans der Staatsanwalt Jim Garrison (Costner) mit einer Schlägerei zwischen dem Ex-FBI-Agenten Bannister (Asner) und dem Privatdetektiv Martin (Lemmon) befaßt. Zwei Tage später, nachdem der mutmaßliche Kennedy-Attentäter Oswald (Oldman) unter den Augen der Polizei und vor laufenden TV-Kameras von dem Nachtclubbesitzer Ruby (Doyle-Murray) erschossen wurde, erfährt Garrison von Detektiv Martin, daß der Pilot Ferrie (Pesci) Oswald hätte außer Landes fliegen sollen nach einem Plan, an dem auch Ruby mitgemischt hatte. Jim Garrison gräbt sich hinein in die Spurensuche (...).« (Frauke Hanck, Die Welt, 23.1.1992)

FOR RICHER FOR POORER/FATHER, SON AND THE MISTRESS (Video). NOCH MEHR ÄRGER MIT JACK. – USA 1992. – Regie: Jay Sandrich. – Buch: Stan Daniels. – Kamera: Arthur Albert. – Schnitt: Skip Schoolnik. – Musik: Miles Goodman. – Bauten: Gae Buckley, Veronica Hadfield. – Produktion: A Citadel Entertainment Production. – Produzent: Richard Rosenbloom.- Länge: 88 M. – Uraufführung: nicht zu ermitteln; deutsche Erstaufführung: 8.3.1993 (Videostart). – Darsteller: Jack Lemmon, Talia Shire, Jonathan Silverman, Joanna Gleason, Madeline Kahn.

□ Der Millionär Jack Katourian (Lemmon) hat sich aus kleinsten Verhältnissen hochgearbeitet und verschenkt nun sein Vermögen, um seinen genußsüchtigen Sohn in der erzwungenen Armut auf den rechten Weg zu bringen. »(...) durch die darstellerische Kraft des Hauptdarstellers entgeht das banale Märchen dem Absturz ins Unerträgliche.« (Joe Hill, film-dienst, Nr. 9, 27.4.1993)

THE PLAYER. THE PLAYER. – USA 1992. – Regie: Robert Altman. – Buch: Michael Tolkin (nach seinem gleichnamigen Buch). – Kamera: Jean Lepine. – Schnitt: Geraldine Peroni. – Musik: Thomas Newman. – Bauten: Stephen Altman, Jerry Fleming. – Produktion: Avenue Pictures/Spelling Entertainment. – Produzent: David Brown, Michael Tolkin, Nick Wechsler. – Länge: 123 M. – New Yorker Premiere: 9.4.1992; deutsche Erstaufführung: 2.7.1992. – Darsteller: Tim Robbins, Greta Scacchi, Fred Ward, Whoopi Goldberg, Vincent D'Onofrio, Jack Lemmon.

□ Eine Satire auf den Niedergang Hollywoods und die amerikanische Kulturszene schlechthin. Lemmon in einer Kleinstrolle.

GLENGARRY GLEN ROSS. GLENGARRY GLEN ROSS. – USA 1992. – Regie: James Foley. – Buch: David Mamet (nach seinem gleichnamigen Bühnenstück, 1984). – Kamera: Juan Ruiz Anchia. – Schnitt: Howard Smith. –

Musik: James Newton Howard. – Bauten: Jane Musky; Bill Barclay. – Produktion: A Zupnik Enterprises Presentation. – Produzent: Jerry Tokofsky, Stanley R. Zupnik. – Länge: 100 M. – New Yorker Premiere: 29.9.1992; deutsche Erstaufführung: 4.2.1993. – Darsteller: Al Pacino, Jack Lemmon, Alec Baldwin, Alan Arkin, Ed Harris, Kevin Spacey, Jonathan Pryce.

□ »Die Nacht und die Stadt, im Schatten der rasselnden U-Bahn, des prasselnden Regens, in blau-rotem Neonlicht. Die Zeit und der Ort, wo die Professionals am Werk sind: das Paar Ed Harris und Alan Arkin zum Beispiel, die mit einem Einbruch an die wertvollen ›leads‹ im Büroschrank kommen wollen, die Adressen potentieller, finanziell potenter Kunden. Oder Shelly Levene (Lemmon), zu lang schon im Geschäft, um noch aussteigen zu können, oder der Star der Show, Ricky Roma (Pacino). Ein Film vom Übergang, von den Wechseljahren. Bill Clinton ist gekommen, muß Shelly Levene bald gehen? Wie kein zweiter verkörpert Lemmon Bushs Amerika, und wie es sich entwickelt hat; er ist der Pragmatismus in Person, denn Idealismus ist allemal weniger gefragt als Beweglichkeit, die große amerikanische Tugend. Weshalb in dieser großen Nation, deren Gesellschaft sich so gern als Profi-Liga versteht, der einzige Spielverderber die Polizei ist.« (Fritz Göttler, Süddeutsche Zeitung, 4.2.1993)

Auszeichnungen: Filmfestival Deauville (Frankreich), 1992 (Preis für die beste Hauptrolle); Filmfestival Venedig (Italien), 1992 (Bester Darsteller); National Board of Review (USA), 1992.

SHORT CUTS. SHORT CUTS. – USA 1993. – Regie: Robert Altman. – Buch: Robert Altman, Frank Barhydt (nach Kurzgeschichten und einem Gedicht von Raymond Carver). – Kamera: Walt Lloyd. – Schnitt: Geraldine Peroni. – Musik: Mark Isham. – Bauten: Stephen Altman, Jerry Fleming. – Produktion: Sandcastle 5/Avenue Pictures/Spelling Entertainment/Fine Line Features. – Produzent: Robert Altman, Scott Bushnell. – Länge: 188 M. – Aufführung: 9.8.1993; Culver City (Interessentenvorführung); deutsche Erstaufführung: 6.1.1994. – Darsteller: Andie MacDowell, Bruce Davison, Jack Lemmon, Julianne Moore, Matthew Modine.

□ Episodische Einblicke in das Leben kalifornischer Paare. Paul Finnigan (Lemmon), lange verloren geglaubter Vater von Howard, taucht am Krankenbett seines Enkels Casey auf und erzählt ihm die komplizierte Geschichte, weshalb er die Familie nach einem sexuellen Erlebnis mit seiner Schwägerin verlassen hat.

A LIFE IN THE THEATRE. A LIFE IN THE THEATRE. – USA 1993. – Regie: Gregory Mosher. – Buch: David

Mamet (nach seinem eigenen, gleichnamigen Stück). – Kamera: Freddie Francis. – Schnitt: Barbara Tulliver. – Musik: David Michael Frank. – Bauten: Charles Collum, David Wasco. – Produktion: A Beacon Communications/Bay Kinescope/Jalem Productions. – Produzent: Patricia Wolff, Thomas A. Bliss. – Länge: 77 M. – Uraufführung: 14.9.1993, Festival of Festivals, Toronto; 9.10.1993, TNT (Kabelfernsehen); deutsche Erstaufführung: Dezember 1994 (Videostart). – Darsteller: Jack Lemmon, Matthew Broderick.

□ »Ein Zwei-Personen-Stück, das von Freundschaft und Rivalität zweier Schauspieler handelt, das – buchstäblich – ihr ›Leben im Theater‹ schildert. (...) Vor allem Jack Lemmon brilliert als bramarbasierender Mime, während seinem Partner schon vom Drehbuch eher die Rolle des Stichwortgebers zugeteilt worden ist.« (Dieter Krusche, filmdienst, Nr. 26, 20.12.1994)

GRUMPY OLD MEN. EIN VERRÜCKTES PAAR – ALT VERKRACHT UND FRISCH VERLIEBT. – USA 1993. – Regie: Donald Petrie. – Buch: Mark Steven Johnson. – Kamera: Johnny E. Jensen. – Schnitt: Bonnie Koehler. – Musik: Alan Silvestri. – Bauten: David Chapman, Mark Haack. – Produktion: A John Davis – Lancaster Gate Production. – Produzent: John A. Davis, Richard C. Berman. – Länge: 103 M. – Aufführung: 30.11.1993, Burbank (Interessentenvorführung); deutsche Erstaufführung: 5.5. 1994. – Darsteller: Jack Lemmon, Walter Matthau, Ann-Margret, Burgess Meredith, Daryl Hannah.

□ »Zwei alte Männer liefern sich ihre kleinen Kriege mit Bosheiten, wie sie nur nach einem langen erfüllten Beziehungsleben möglich waren. So genau kennt etwa Max Goldman (Matthau) die Gewohnheiten seines Nachbarn John Gustafson (Lemmon), daß er ihm, wenn er es sich vor dem Fernseher bequem gemacht hat, um seine Lieblingsshow anzusehen, schadenfroh kichernd mit einer Fernbedienung das Programm wechselt. Gustafson revanchiert sich mit einer Eislawine von Goldmans Hausdach. In die Routine der täglichen Bosheiten bricht eines Tages eine Frau ein. Ariel (Ann-Margret) macht die beiden Männer zu balzenden Gockeln.« (Josef Schnelle, Frankfurter Rundschau, 6.5.1994)

GETTING AWAY WITH MURDER. – USA 1994/95. – Regie: Harvey Miller. – Buch: Harvey Miller. – Kamera: Frank Tidy. – Produzent: Frank Price, Penny Marshall. – Deutsche Erstaufführung: 26.9.96 (voraussichtlicher Kinostart) – Darsteller: Dan Aykroyd, Jack Lemmon, Lily Tomlin, Bonnie Hunt, J.C. Quinn, Brian Kerwin, Lila Kedrova.

□ »Professor Jack Lambert (Aykroyd) lehrt Ethik an der Uni. Über Moral gibt es für ihn keine zwei Meinungen – bis er entdeckt, daß sein Nachbar Max Mueller (Lemmon) in Wahrheit der berüchtigte Kriegsverbrecher Karl Luger ist. Die Medien stürzen sich auf Mueller und verlangen seine Auslieferung. Mueller beharrt darauf, daß er mit Luger verwechselt werde.« (Produktionsmitteilung)

THE GRASS HARP. – USA 1995. – Regie: Charles Matthau. – Buch: Stirling Silliphant, Kirk Ellis (nach dem gleichnamigen Roman von Truman Capote, 1951). – Kamera: John A. Alonzo. – Schnitt: Sidney Levin, Tim O'Meara. – Musik: Patrick Williams. – Bauten: Paul Sylbert. – Produktion: Jerry Tokofsky, John Davis, Jim Davis. – Produzent: Charles Matthau, Jerry Tokofsky. – Kinostart: Herbst 1995; deutsche Erstaufführung: 14.3.1996. – Darsteller: Walter Matthau, Jack Lemmon, Sissy Spacek, Nell Carter, Mary Steenburgen, Piper Laurie, Roddy McDowall, Charles Durning, Joe Don Baker, Edward Furlong.

□ Walter Matthaus dreißigjähriger Sohn Charles, Absolvent der University of California Film School, inszenierte die Adaptation eines amerikanischen Literaturklassikers, dessen Geschichte in einer kleinen Stadt im Süden irgendwann in den vierziger Jahren angesiedelt ist. Lemmon spielt die Rolle des Industriellen Morris Ritz: »Wir haben in sechs Filmen und einem Theaterstück zusammengearbeitet, außerdem habe ich Walter in KOTCH inszeniert. Wir leben nahe beieinander am Strand von Malibu, ich habe miterlebt, wie Charlie aufgewachsen ist, fast so wie bei meinem eigenen Kind. Ich bin also deswegen hier dabei. Es ist eine kleine Rolle, ich verdiene dabei kaum Geld, und außerdem bin ich auf Seite 60 schon wieder aus dem Drehbuch verschwunden – aber es ist halt ein bißchen so etwas wie ein Familientreffen. Außerdem sollte man natürlich auch Truman Capote nicht verachten.« (Lemmon in Rex Reed: The Stars Fell on Alabama. Premiere [USA], Nr. 11, November 1995)

GRUMPIER OLD MEN. – USA 1995. – Regie: Howard Deutch. – Buch: Mark Steven Johnson. – Kamera: Tak Fujimoto. – Schnitt: Billy Weber, Seth Flaum, Maryann Brandon. – Musik: Alan Silvestri. – Bauten: Gary Fruthoff, Bill Rea. – Produktion: A John Davis – Lancaster Gate Production. – Produzent: John A. Davis, Richard C. Berman. – Länge: 101 M. – Aufführung: 12.12.1995, Los Angeles (Interessentenvorführung); Kinostart: 22.12.1995. – Darsteller: Jack Lemmon, Walter Matthau, Ann-Margret, Kevin Pollak, Daryl Hannah, Sophia Loren, Burgess Meredith.

□ Fortsetzung von GRUMPY OLD MEN.

Grumpy Old Men

FERNSEHEN

THE KRAFT TELEVISION THEATRE. – 1948. – Episode CHARLEY'S AUNT.

THE TIMES SQUARE STORY. – 8.10.1948, CBS. – Regie: Bob Stevens, Robert Simon. – Buch: James Reach. – Produzent: Paul F. Moss. – Länge: 30 M. – Darsteller: Henry Lascoe, Maureen Stapleton, Darren McGavin, Sally Gracie, Jack Lemmon, Madeleine Lee. – Pilot-Sendung.

OLD KNICKERBOCKER MUSIC HALL. – 9.10.1948, CBS. – Regie: Robert Simon. – Buch: James Reach. – Produzent: Paul E. Moss. – Länge: 30 M. – Darsteller: Jack Lemmon, Darren McGavin, Madeleine Lee, Sally Gracie, Maureen Stapleton. – Live-Übertragung aus der Music Hall.

STUDIO ONE. – 22.6.1949, CBS. – Länge: 60 M. – Episode JUNE MOON.

I REMEMBER MAMA. – 1.7.1949-17.3.1957, CBS. – Regie: Ralph Nelson, Don Richardson. – Musik: Billy Nalle. – Produzent: Carol Irwin, Ralph Nelson, Donald Richardson. – Länge: 30 M. – Darsteller: Peggy Wood, Judson Laire, Alice Frost, Jack Lemmon. – Serie nach dem Buch »Mama's Bank Account« von Kathryn Forbes.

PHILCO TELEVISION PLAYHOUSE. – 11.9.1949, NBC. – Länge: 60 M. – Episode PRIDE'S CASTLE.

THE KRAFT TELEVISION THEATRE. – 2.11.1949, NBC. – Länge: 60 M. – Episode WHISTLING IN THE DARK.

SUSPENSE. – 13.12.1949, CBS. – Länge: 30 M. – Episode THE GREY HELMET.

THAT WONDERFUL GUY. – 4.1.1950-28.4.1950, ABC. – Regie: Babette Henry. – Musik: Bernard Green. – Produzent: Charles Irving. – Länge: jeweils 30 M. – Darsteller: Jack Lemmon, Neil Hamilton, Cynthia Stone. – Serie/Situation Comedy um romantische und geschäftliche Mißerfolge von Harold (Lemmon), einem Möchtegern-Schauspieler.

STUDIO ONE. – 20.2.1950, CBS. – Länge: 60 M. – Episode WISDOM TEETH.

TONI TWIN TIME. – 5.4.1950-20.9.1950, CBS. – Buch: Sherman Marks. – Musik: Ray Bloch. – Produzent: Sherman Marks. – Darsteller: Jack Lemmon (Gastgeber), Arlene Terry, Ardelle Terry, Ray Bloch Orchestra. – Länge: jeweils 30 M. – Musik- und Song-Programm, gesponsored von Toni Hair Care products.

PULITZER PRICE PLAYHOUSE. – 4.5.1951, ABC. – Länge: 60 M. – Episode THE HAPPY JOURNEY.

THE WEB. – 30.5.1951, CBS. – Produzent: Franklin Heller, Mark Goodson, Bill Todman. – Länge: 30 M. – Darsteller: Jonathan Drake (Gastgeber, Erzähler), Jack Lemmon. – Episode COPS MUST BE TOUGH. – Zwischen 24.7.1950 und 27.9.1954 wurden 210 Episoden gesendet.

DANGER. – 24.7.1951, CBS. – Länge: 30 M. – Episode SPARROW COP. – Zwischen 26.9.1950 und 31.5.1955 wurden 239 Episoden über die Kunst des Mordes gesendet. Regisseure waren Byron Paul, Sidney Lumet, Yul Brunner und Sheldon Reynolds. Produzenten: Martin Ritt, Charles Russell, William Dozier, Stanley Niss.

THE AD-LIBBERS. – 3.8.1951-31.8.1951, CBS (8 Episoden). – Regie: Hal Perone. – Länge: jeweils 30 M. – Darsteller: Peter Donald, Nelson Olmstead (Gastgeber), Jack Lemmon, Cynthia Stone, Charles Mendick, Patricia Hosley, Joe Silver, Earl Hammond. – Improvisierte Serie.

THE KRAFT TELEVISION THEATRE. – 5.9.1951, NBC. – Länge: 60 M. – Episode THE EASY MARK.

THE COUPLE NEXT DOOR. – 10.9.1951–14.3.1952, ABC. – Regie: Robert Massell. – Produzent: Ward Byron. – Länge der Gesamtshow: 60 M. – Darsteller: Jack Lemmon, Cynthia Lemmon. – Situation Comedy; regelmäßiger 15-Minuten-Bestandteil von THE FRANCES LANGFORD-DON AMECHE SHOW.

NEWSSTAND THEATRE. – 23.1.1952, ABC. – Episode SIZE 12 TANTRUM.

HEAVEN FOR BETSY. – 30.9.1952–25.12.1952, CBS. – Länge: jeweils 30 M. – Darsteller: Jack Lemmon, Cynthia Lemmon. – Serie/Situation Comedy um ein frisch verheiratetes Paar. Er ist Spielzeugeinkäufer, sie Sekretärin. Lief ursprünglich als Bestandteil von THE FRANCES LANGFORD-DON AMECHE SHOW.

THE KRAFT TELEVISION THEATRE. – 28.1.1953, NBC. – Länge: 30 M. – Episode DUET.

THE KRAFT TELEVISION THEATRE. – 18.2.1953, NBC. – Länge: 30 M. – Episode SNOOKSIE.

ROBERT MONTGOMERY PRESENTS. – 23.2.1953, NBC. – Länge: 60 M. – Darsteller: Jack Lemmon, Diana Lynn. – Episode DINAH, KIP AND MR. BARLOW.

ARMSTRONG CIRCLE THEATRE. – 17.3.1953, NBC. – Länge: 60 M. – Episode THE CHECKERBOARD HEART.

THE CAMPBELL TELEVISION SOUNDSTAGE. – 10.7. 1953–3.9.1954, NBC. – Länge: jeweils 30 M. – Darsteller: James Dean, Susan Douglas, Jack Lemmon, Walter Matthau, Art Carney, Carl Reiner. – Anthologie. Auch als TV SOUNDSTAGE bekannt. Gesponsored von Campbell's Suppen.

CHRYSLER MEDAILLON THEATRE. – 25.7.1953, CBS. – Regie: Ralph Nelson. – Produzent: William Spier. – Länge 30 M. – Episode THE GRAND CROSS OF THE CRESCENT. – Zwischen 11.7.1953 und 3.4.1954 wurden 39 Episoden gesendet.

THE BRIGHTER DAY. – 4.1.1954–28.9.1962, CBS. – Regie: Del Hughes, Hal Cooper. – Buch: Eileen Pollock, Robert Mason Pollock, Hendrick Vollaerts. – Musik: Dick Leibert. – Produzent: Theresa Lewis, Allen Potter, Leonard Blair, Mary Harris. – Länge: jeweils 15 M. – Darsteller: William Smith, Blair Davies, Gloria Hoye, Jack Lemmon. – Serie.

FORD TELEVISION THEATRE. – 25.2.1954, NBC. – Regie: Ted Post. – Länge: 25 M. – Darsteller: Ida Lupino, Jack Lemmon, Phillip Terry. – Episode MARRIAGEABLE MALE (lief unter dem Titel EIN HEIRATSFÄHIGER MANN am 1.9.1958 in der ARD).

ROAD OF LIFE. – 13.12.1954, CBS. – Länge: jeweils 15 M. – Produzent: John Egan. – Darsteller: Nelson Case (Erzähler), Don McLaughlin, Virgina Dwyer, Harry Holcombe, Jack Lemmon. – Auf einem Radioprogramm basierende Serie um einen Doktor und seine Frau. – Zwischen 13.12.1954 und 24.6.1955 gesendet.

FORD STAR JUBILEE. – 11.2.1956, CBS. – Regie: Delbert Mann. – Länge: 90 M. – Darsteller: Jack Lemmon, Raymond Massey, Lillian Gish. – Erzähler: Charles Laughton. – Episode THE DAY LINCOLN WAS SHOT.

ZANE GREY THEATRE. – 4.1.1957, CBS. – Musik: Herschel Burke Gilbert, Joseph Mullendore. – Produzent: Hal Hudson, Aaron Spelling, Stephen Lord. – Länge: 30 M. – Darsteller: Dick Powell, Jack Lemmon.- Episode THE THREE GRAVES. – Zwischen 5.10.1956 und 20.9.1962

wurden 145 Episoden gesendet. Regisseure waren u.a. Budd Boetticher, Christian I Nyby und David Lowell Rich.

TURN OF FATE. – 30.9.1957–30.6.1958, NBC (38 Episoden). – Regie: Robert Florey, Don McDougall, Alvin Ganzer, Andrew McCullough, Tay Garnett, Peter Godfrey, Tom Gries, Louis King, Thomas Carr. – Buch: Palmer Thompson u.v.a. – Produzent: Robert Fillous. – Länge: jeweils 30 M. – Darsteller: Robert Ryan, Jack Lemmon, Jane Powell, David Niven, Charles Boyer. – Anthologie über verschiedene Ausformungen des Schicksals.

GOODYEAR THEATRE. – 14.10.1957, NBC. – Länge: 30 M. – Episode LOST AND FOUND.

PLAYHOUSE 90. – 24.10.1957, CBS. – Musik: George Smith, Robert Allen. – Länge: 90 M. – Episode THE MYSTERY OF 13. – Zwischen 4.10.1956 und 18.5.1960 wurden 133 Episoden gesendet.

ALCOA THEATRE. – 2.12.1957, NBC. – Musik: Frank De Vol. – Länge: 60 M. (Länge der Episode: 23 M.). – Darsteller: Jack Lemmon, Douglas Dumbrille, Gloria Talbott, Grant Richards, Bill Kendis. – Episode SOUVENIR (lief unter dem Titel SOUVENIR MIT BORDGESCHÜTZEN am 9.1.1960 in der ARD).

GOODYEAR THEATRE. – 24.2.1958, NBC. – Länge: 30 M. – Episode THE DAYS OF NOVEMBER.

ALCOA THEATRE. – 7.4.1958, NBC. – Musik: Frank De Vol. – Länge: 60 M. – Episode LOUDMOUTH.

ALCOA THEATRE. – 5.5.1958, NBC. – Musik: Frank De Vol. – Länge: 60 M. – Episode MOST LIKELY TO SUCCEED.

GOODYEAR THEATRE. – 9.6.1958, NBC. – Länge: 30 M. – Episode DISAPPEARANCE.

PLAYHOUSE 90. – 1.1.1959, CBS. – Regie: John Frankenheimer. – Buch: Robert L. Joseph (nach einer Story von Pierre Boulle). – Musik: George Smith, Robert Allen. – Produzent: John Houseman. – Länge: 90 M. – Darsteller: Jack Lemmon, James Gregory, Rip Torn, Henry Hull, Anne Meacham, Burt Reynolds. – Episode FACE OF A HERO.

PERSON TO PERSON. – 23.10.1959, CBS. – Länge: 30 M. – Gespräch mit Lemmon.

DICK POWELL SHOW. – 5.2.1963, NBC. – Episode THE JUDGE.

THE SLOW GUILLOTINE. – 1969/70, KNBC. – Regie: Gary Markas. – Buch: Don Widener. – Schnitt: Jim Puente. – Produktion: KNBC-TV. – Erzähler: Jack Lemmon. – Dokumentation zur Umweltproblematik.
☐ Auszeichnungen: Alfred I. DuPont-Columbia University Broadcast Journalism Award for Investigative Reporting (USA); Emmy Award (USA).

TIMETABLE FOR DISASTER. – 1969/70, KNBC-TV. – Regie: Don Widener. – Erzähler: Jack Lemmon. – Dokumentation zur Umweltproblematik.

AN ELEMENT OF RISK. – 1969/70, KNBC-TV. – Regie: Don Widener. – Erzähler: Jack Lemmon. – Dokumentation zur Umweltproblematik.

SUPER COMEDY BOWL 1. – 10.1.1971, CBS. – Regie: Marty Pasetta. – Buch: Gordon Farr, Arnold Kane, Saul Turteltaub, Bernie Orenstein. – Produzent: Marty Pasetta. – Länge: 60 M. – Darsteller: Lucille Ball (Gastgeberin), Carol Burnett, Charlton Heston, Jack Lemmon, John Wayne.

SUPER COMEDY BOWL 2. – 12.1.1972, CBS. – Regie: Marty Pasetta. – Buch: Gordon Farr, Arnold Kane, Elias Davis, David Pollock, Saul Turteltaub, Bernie Orenstein. – Produzent: Marty Pasetta. – Länge: 60 M. – Darsteller: Jack Lemmon (Gastgeber), Walter Matthau, Burt Lancaster, Paul Newman, George C. Scott, Tony Curtis.

JACK LEMMON IN S'WONDERFUL, S'MARVELOUS, S'GERSHWIN. – 17.1.1972, NBC. – Regie: Walter C. Miller, Martin Charnin. – Buch: Martin Charnin. – Musik: Elliot Lawrence. – Produzent: Martin Charnin. – Länge: 90 M. – Darsteller: Jack Lemmon (Gastgeber), Fred Astaire, Leslie Uggams, Ethel Merman, The Alan Johnson Dancers. – Musical-Tribute an George und Ira Gershwin. Auszeichnung: Emmy Award (USA), 1972.

JACK LEMMON – GET HAPPY. – 25.2.1973, NBC. – Regie: Dave Wilson. – Musik: Elliot Lawrence. – Produzent: Martin Charnin. – Länge: 60 M. – Darsteller: Jack Lemmon (Gastgeber), Diahann Carroll, Cass Elliott, Dinah Shore, The Alan Johnson Dancers. – Musical-Tribute an Harold Arlen.

SHOW BUSINESS SALUTE TO MILTON BERLE. – 4.12.1973, NBC. – Regie: Grey Lockwood. – Buch: Don Reo, Allan Katz, Bill Box, Stanley Davis. – Musik: Quincy Jones. – Produzent: Bernie Kukoff, Jeff Harris. – Länge: 60 M. – Darsteller: Milton Berle (Star), Sammy Davis, Jr. (Gastgeber), Lucille Ball, Jackie Gleason, Jack Benny, Walter Matthau, Jack Lemmon, Kirk Douglas.

CELEBRATION: THE AMERICAN SPIRIT. – 25.1.1976, ABC. – Regie: Marty Pasetta. – Buch: Marty Farrell, Marc London. – Musik: Jack Elliott, Allyn Ferguson. – Bauten: Gene McAvoy. – Produzent: Marty Pasetta. – Länge: 90 M. – Darsteller: Don Adams, James Caan, Ray Charles, Jack Lemmon, Trini Lopez, Shirley MacLaine.

THE BEST OF ERNIE KOVACS. – 14.4.-16.6.1977, PBS. – Regie: Ernie Kovacs, Maury Orr, Ken Herman, Dave Erdman. – Musik: Eddie Hatrak, Harry Geller. – Produzent: Milt Hoffman, Dae Erdman. – Länge: jeweils 30 M. – Darsteller: Ernie Kovacs, Jolene Brand, Edie Adams, Alice Novice, Kenny Delmar. – Gastgeber: Jack Lemmon. – Zehn Episoden über die Karriere von Ernie Kovacs.

PLUTONIUM: AN ELEMENT OF RISK. – 1978. – Regie: Richard Quine. – Produktion: Jalem Productions, Inc. – Erzähler: Jack Lemmon. – Fernseh-Dokumentation.

TOM SNYDER'S CELEBRITY SPOTLIGHT. – 17.3.1980, NBC. – Regie: George Paul. – Produzent: Andy Friendly. – Länge: 60 M. – Darsteller: Tom Snyder (Gastgeber), Loni Anderson, Cher, Jack Lemmon, Chevy Chase. – Zweite Pilotsendung einer Folge von Interviews.

HOLLYWOOD: THE GIFT OF LAUGHTER. – 1982. – Regie: Jack Haley, Jr. – Gastgeber: Jack Lemmon.

MUSICAL COMEDY TONIGHT. – 11.2.1981, PBS. – Regie: Tony Charmoli. – Buch: Sylvia Fine Kaye. – Musik: Peter Matz. – Bauten: Romain Johnston. – Produzent: Sylvia Fine Kaye. – Länge: 90 M. – Darsteller: Sylvia Fine Kaye (Gastgeberin), Richard Crenna, Danny Kaye, Joshua Logan, Larry Storch, Jack Lemmon.

ERNIE KOVACS: TELEVISION'S ORIGINAL GENIUS. – 1982.

BOB HOPE SPECIAL: BOB HOPE'S STARS OVER TEXAS. – 3.5.1982, NBC. – Regie: Norman Abbot. – Buch: Bob Keane, Gig Henry, Robert L. Mills. – Musik: Bob Alberti. – Produzent: Bob Hope. – Länge: 60 M. – Darsteller: Bob Hope, Jack Lemmon, Morgan Fairchild, Dottie West, Larry Gatlin.

THE FUNNIEST JOKE I EVER HEARD. – 21.5.1984, ABC. – Regie: Phil Hahn. – Buch: Donald Davis. – Musik: Merlyn Davis. – Bauten: Herman Zimmerman. – Länge: 60 M. – Darsteller: Heather Thomas, Robert Urich (Gastgeber), Dom DeLuise, George Burns, Jimmy Stewart, Jack Lemmon. – Prominente und weniger Prominente erzählen ihre Lieblingswitze.

SHORTSTORIES. – 21.3.1986, A & E. – Episode WEDNESDAY.

LONG DAY'S JOURNEY INTO NIGHT. – 27.4.1987, SHO. – Regie: Jonathan Miller. – Buch: Eugene O'Neill. – Produktion: Showtime Entertainment/American Playhouse. – Produzent: Iris Merlis. – Darsteller: Jack Lemmon, Bethel Leslie, Peter Gallagher, Kevin Spacey, Jodie Lynne McClintock.

A SALUTE TO JACK LEMMON. – 10.3.1988, CBS. – Regie: Louis J. Horvitz. – Buch: George Stevens, Jr., Jeffrey Lane. – Schnitt der Filmsequenzen: Catherine Shields. – Musik: Nick Perito. – Bauten: Ray Klausen. – Produktion: The American Film Institute. – Produzent: George Stevens, Jr. – Länge: ca. 50 M (ohne Werbeunterbrechungen). – Mitwirkende: Julie Andrews (Gastgeberin), Jack Lemmon, Walter Matthau, Shirley MacLaine, Chris Lemmon, Steve Martin, Michael Douglas, Jean Firstenberg, George Stevens, Jr.
☐ 16. Verleihung des Life Achievement Award durch das American Film Institute. Zahlreiche Filmausschnitte mit Lemmon und Lobreden auf Lemmon, der eine Dankrede hält.

SMOTHERS BROTHERS COMEDY HOUR. – 30.3. 1988, CBS. – Episode.

BILLY WILDER, ARTISTE (OU: NE RÉVEILLES PAS LE CINÉASTE QUI DORT). – Der Künstler Billy Wilder (oder: Schlafende Regisseure weckt man nicht). – Frankreich/BRD 1993. – Regie: Annie Tresgot. – Kamera: Steve Gruen. – Schnitt: Monique Dartonne. – Produktion: Agat Films & Cie., Alain Guesnier für La Sept/Arte. – Aufführung: 7.12.1993, Arte.
☐ Jack Lemmon und Walter Matthau würdigen Billy Wilder während der Verleihung des Life Achievement Award 1986. Lemmon und Wilder spielen eine Szene im Büro des Regisseurs, dabei geht es vor allem um dort ausgestellte Kunstgegenstände.

ALS PRODUZENT

COOL HAND LUKE. – DER UNBEUGSAME. – USA 1967. – Regie: Stuart Rosenberg. – Buch: Donn Pearce, Frank R. Pierson (nach dem gleichnamigen Roman von Donn Pearce). – Kamera: Conrad Hall. – Schnitt: Sam O'Steen. – Musik: Lalo Schifrin. – Bauten: Cary Odell. – Produktion: A Jalem Production. – Produzent: Gordon Carroll. – Länge: 129 M. – Uraufführung: 1.11.1967, New York; deutsche Erstaufführung: 1.12.1967. – Darsteller: Paul Newman, George Kennedy, J.D. Cannon, Lou Antonio, Strother Martin, Dennis Hopper.
☐ Produziert von Lemmons Firma Jalem.

LEMMON ALS FIKTIVE FIGUR

MARILYN: THE UNTOLD STORY. – USA 1980. – Regie: Jack Arnold, Jack Flynn (ungenannt: Lawrence Schiller). – Buch: Dalene Young (basierend auf dem Buch »Marilyn« von Norman Mailer). – Kamera: Terry K. Meade, Sol Negrin, Jim Phalen. – Schnitt: Jack Gleason, Patrick T. Roark. – Musik: William Goldstein. – Bauten: Jan Scott, Sydney Z. Litwack. – Produktion: Lawrence Schiller Productions für ABC. – Produzent: Lawrence Schiller. – Länge: 150 M. – Uraufführung: 28.9.1980, US-TV. – Darsteller: Catherine Hicks, Richard Basehart, Frank Converse, John Ireland, Brad Blaisdell (als Jack Lemmon). – Der Fernsehfilm lief 1981 in England im Kino (Länge: 120 M.).

87-233

THREE FOR THE SHOW: Gower Champion, Jack Lemmon, Marge Champion

Bibliografie

HOMMAGE

VON LEMMON

Such Fun to be Funny. Films and Filming, November 1960, S. 7

ÜBER LEMMON

Joe Baltake: Jack Lemmon Has The Potential To Succeed Bob Hope or Fredric March. Films in Review, Vol, 21, Nr. 1, Januar 1970, S. 1-13

Joe Baltake: The Films of Jack Lemmon. Secaucus, N.J., 1977

Andrew Britton (Ed.): Talking Films. The Best of The Guardian Film Lectures. London 1991, S. 1-27

Alan Brock: Jack Lemmon – Nice Guy Who Finished First. Close-Ups. Edited by Danny Peary. New York 1978, S. 354-357

Michael Buckley: Jack Lemmon. An Interview. Films in Review, Vol. 35, Nr. 10, Dezember 1984, S. 578-585 (Teil 1); Vol. 36, Nr. 1, Januar 1985, S. 19-26 (Teil 2); Vol. 36, Nr. 2, Februar 1985, S. 85-97 (Teil 3)

Gary Crowdus, Dan Georgakas: Spread a Little Sunshine. An Interview with Jack Lemmon in Havana. Cineaste, Vol. 14, Nr. 3, 1986, S. 4-10

Dialogue on Film: Jack Lemmon. American Film, Vol. 7, Nr. 10, September 1982, S. 11-20

Michael Freedland: Jack Lemmon. New York 1985 (deutsche Ausgabe: München 1986)

Rita Gam: Actors. A Celebration. New York 1988, S. 11-26

Steven Greenberg: Jack Lemmon (Interview). Film Comment, Vol. 9, Nr. 3, Mai-Juni 1973, S. 27-29

Wende Hyland/Roberta Haynes: How to make it in Hollywood. Chicago 1975, S. 1-20

Jeffrey Lane/Joss Whedon (Ed.): The Jack Lemmon Tribute Book. The Sixteenth Annual American Film Institute Life Achievement Award, March 10, 1988. o.O. [Los Angeles]

Andy Medhurst: Odd Man Out. Jack Lemmon. Sight and Sound, Vol. 4, Nr. 6, Juni 1994, S. 16-18

Sean Mitchell: A Slice of Lemmon. Premiere - The Movie Magazine (USA), November 1992, S. 102-109

Burt Prelutsky: Jack of All Trades (Interview). American Film, März 1988, S. 32-37

Jeffrey Robinson: Teamwork. The Cinema's Greatest Comedy Teams. London/New York 1982, S. 113-127 (Lemmon & Matthau)

Bob Thomas: Jack Lemmon. Action, Vol. 7, Nr. 1, Januar-Februar 1972, S. 6-8; auch in: Directors in Action. Indianapolis/New York 1973, S. 102-106

Don Widener: Lemmon. London 1977

Michael Wilmington: Saint Jack (Interview). Film Comment, Vol. 29, Nr. 2, März-April 1993, S. 10-22

Michel Cieutat: Jack Lemmon, un Arlequin d'Amérique. Positif, Nr. 271, September 1983, S. 24-29

Jean-Paul Chaillier: Ach, Sie meinen Oscar! Interview mit Jack Lemmon und Walter Matthau. tip – BerlinMagazin, 10/1994, S. 26-32

Franz Everschor: Ein Neurotiker für jede Jahreszeit. Jack Lemmon wird 70. film-dienst, 48. Jg., Nr. 3, 31. Januar 1995, S. 10-12

Marisol Trujillo: Schweigen kann sehr laut sein. Interview mit Jack Lemmon. Film und Fernsehen, Nr. 5, Mai 1986, S. 45-46

THE APARTMENT

Hinweise

HOMMAGE

Frank Arnold, geb. 1954. Studium der Soziologie und Publizistik. Mitherausgeber und Autor verschiedener Filmbücher. Texte für »epd Film«, »tip«, »steadycam«. Lehrbeauftragter für Filmgeschichte an der Freien Universität Berlin. Konzeption filmhistorischer Retrospektiven. Lebt in Berlin.

Brigitte Desalm. Redakteurin beim »Kölner Stadt-Anzeiger«. Lebt in Köln.

Annette Kilzer, geb. 1966. Studium der Theaterwissenschaft und Germanistik. Texte für »tip«, »Berliner Zeitung«, »Splatting Image«. Mitbegründerin und -herausgeberin von »Gaffer«. Mitarbeit an verschiedenen Filmbüchern. Lebt in Berlin.

Daniel Kotrc, geb. 1965. Studium der Theaterwissenschaft, Psychologie und Soziologie. Texte für die »Publikationsblätter«, Mitarbeit an »Gregory Peck« und »Antonioni«. Eigene Filme. Lebt in Berlin.

Theo Matthies, geb. 1962. Gelernter Schriftsetzer. Von 1986 bis 1995 Redakteur bei »filmwärts«. Lebt in Frankfurt am Main.

Olaf Möller, geb. 1971. Studium der Japanologie, Niederlandistik und Skandinavistik. Texte für »Gdinetmao«, »Basler Zeitung«, »Die Presse«. Mitarbeit an mehreren Filmbüchern. Lebt in Köln.

Robert Müller, geb. 1962. Studium der Publizistik, Germanistik und Geschichtswissenschaft. Texte für verschiedene Filmzeitschriften und Bücher. Sendungen für die Filmredaktion des Westdeutschen Rundfunks. Lebt in Berlin.

Christiane Peitz, geb. 1959. Studium der Musikwissenschaft. Bis 1991 Kulturredakteurin der »taz«. Seitdem freie Filmkritikerin, unter anderem für »DIE ZEIT«. Buchveröffentlichung: »Marilyns starke Schwestern. Frauenbilder im Gegenwartskino«. Lebt in Berlin.

Harry Rowohlt, geb. 1945. Lebt als Übersetzer, Poohrist und Flanneur in Hamburg, geht auf Tingeltouren.

Hans Schifferle, geb. 1957. Studium der Germanistik und Theaterwissenschaft. Texte für »Süddeutsche Zeitung«, »steadycam«, »epd Film«. Buchveröffentlichung: »Die 100 besten Horrorfilme«. Lebt in München.

Margarete von Schwarzkopf, geb. 1948. Studium der Anglistik und Geschichte. Mitarbeiterin der Katholischen Nachrichtenagentur in Bonn. Von 1975 bis 1982 Redakteurin im Feuilleton der Tageszeitung »Die Welt«. Seit 1984 Redakteurin beim Norddeutschen Rundfunk in Hannover. Lebt in Hannover.

Rolf Aurich, geb. 1960. Studium der Geschichte und Germanistik. 1986 bis 1995 Redakteur bei »filmwärts«. Mitarbeit an verschiedenen Filmbüchern, Beiträge für Zeitungen und Zeitschriften. Redakteur bei der Stiftung Deutsche Kinemathek. Lebt in Berlin.

Dank an Jack Lemmon und
Hülya Akin (CI Vertriebsgemeinschaft, Hamburg), Frank Arnold (Berlin), Hans-Werner Asmus (Cinema, Hamburg), Rudolf Aurich (Alvesse), Lars-Olav Beier (Berlin), Jürgen Bretschneider (Berlin), Brigitte Desalm (Köln), Christoph Egger (Zürich), Kerstin Hintze (Columbia Tristar Home Video, München), Klaus Höppner (Berlin), Astrid Hoffmann (Berlin), Wolfgang Jacobsen (Berlin), Gabriele Jatho (Berlin), Annette Kilzer (Berlin), Marc Klocker (Berlin), Kobal Collection (London), Ulrich Kriest (Weil der Stadt), Klaus Kuschek (Berlin), Peter Latta (Berlin), Theo Matthies (Frankfurt/Main), Al Newman (Newman & Associates, Los Angeles), Uta Orluc-Eberwein (Berlin), Anne Pohl (Berlin), Rainer Rother (Berlin), Harry Rowohlt (Hamburg), Elisabeth Uhländer (film-dienst, Köln), Rosemarie van der Zee (Berlin), Videodrom (Berlin), Rolf Wentz (Berlin).

Fotos: Stiftung Deutsche Kinemathek, Berlin (60), Cinema-Archiv, Hamburg (6), Kobal Collection, London (1), The British Film Institute, London (1)

Für Filmkopien, Aufführungsrechte und Hinweise danken wir:

Bundesarchiv-Filmarchiv, Berlin (Rudolf Freund), Cinémathèque Suisse, Lausanne (Bernard Uhlmann), Columbia Tri Star Film GmbH, München (Jürgen Schau, Bernd Rupprecht), George Eastman House, Rochester (Paolo Cherchi Usai/Phil Carli), Jalem Productions, Los Angeles (Connie McCauley), Metro-Goldwyn-Mayer/United Artists, Los Angeles (Shirley Fain), National Film & Television Archive, London (Elaine Burrows, Bryony Dixon), United International Pictures GmbH, Frankfurt am Main (Randolf Schmidt), Warner Bros. Film GmbH, Hamburg (Wilfried Geike, Herr Hölterhoff).

So packte mich nun auch allmählich der Mut, und ich machte Jack Lemmon
ein artiges Kompliment über TRIBUTE, einen meiner Lieblingsfilme, und er sagte:
»I'm so glad you said that. It came just in time to pick up my day.
Have you met my daughter?«
Wenn Fidel und Jack Lemmon einem die Hand gegeben haben, weiß man,
daß ein Festival zu Ende ist, in einem Land, das so schön ist, daß man ihm
für sein Festival schönere Filme wünschen möchte, über die dann der
naturgeschützte stumme Geier segnend seine Schwingen breiten wird.

Harry Rowohlt: Morgen ist auch ein Tag, aber zuerst etwas Musik.
Impressionen von einem Filmfestival in Kuba.
Pooh's Corner. Meinungen und Deinungen eines Bären
von geringem Verstand. Zürich 1994